大学の授業をデザインする

大学生の
日本語リテラシーを
いかに高めるか

成田秀夫・大島弥生・中村博幸　編

ひつじ書房

目　次

はじめに
　―21世紀を生きる大学生のための「日本語リテラシー」教育の必要性　vii

第1部〈背景〉　社会の変化と高等教育に求められる「日本語リテラシー」　1
　1章　変化する情報社会に求められる人材と「日本語リテラシー」　3
　2章　変化への対応―世界・日本の教育における対応の現状　15

第2部〈実践事例〉　3つの重点目標を実現するさまざまな事例　31
　1章　大学の教育目標に即して授業を作る
　　　　―大学と外部講師との協働設計の事例　33
　2章　アイデアの「拡散・収束」と「読む・聞く・書く・話す」をつなげる
　　　　―京都文教大学の事例　51
　3章　文章読解を能動型の活動として進める
　　　　―河合塾現代文ワークショップ講座の事例　63
　4章　自大学の「人間力」育成目標に向けて課題発見・解決の力を育てる
　　　　―日本文理大学の事例　74
　5章　自大学のディプロマ・ポリシーに即して情報分析・課題発見の力を育てる
　　　　―九州国際大学法学部の事例　92
　6章　図書館と連携する
　　　　―立命館アジア太平洋大学の事例　106
　7章　レポート作成と専門の知をつなげる
　　　　―東京海洋大学海洋科学部の事例　118

第3部〈今後の展開のために〉「日本語リテラシー」を支える理論とその展開　127
　1章　「日本語リテラシー」育成のための授業設計のポイント　129
　2章　現場の混乱を整理するための3つの教育モデルと授業デザイン　153
　3章　専任教員全員で人間力育成プログラムを担う
　　　　―トップダウン型の事例　163
　4章　授業を成功させるための教員協働によるFD連携
　　　　―ボトムアップ型の事例　171

あとがき　187
参考文献集　189
索引　195
執筆者紹介　198

本書の構造と各章の関連

第1部〈背景〉

「日本語リテラシー」が求められる背景

1章　変化する情報社会に求められる人材と「日本語リテラシー」
2章　変化への対応―世界・日本の教育における対応の現状

● 3つの重点目標
Ⅰ　基本的な日本語リテラシーと能動型の学習能力
Ⅱ　ジェネリックスキル（汎用的技能）
Ⅲ　情報・知識の活用能力

↓ 具体化

第2部〈実践事例〉

「日本語リテラシー」育成のための授業設計と学習のプロセス

1章　大学の教育目標に即して授業を作る―大学教員と外部講師との協働設計の事例

Ⅰ　基本的な日本語リテラシーと能動型の学習能力重視の事例
2章　アイデアの「拡散・収束」と「読む・聞く・書く・話す」をつなげる―京都文教大学の事例
3章　文章読解を能動型の活動として進める―河合塾現代文ワークショップ講座の事例

Ⅱ　ジェネリックスキル重視の事例
4章　自大学の「人間力」育成目標に向けて課題発見・解決の力を育てる―日本文理大学の事例
5章　自大学のディプロマ・ポリシーに即して情報分析・課題発見の力を育てる―九州国際大学法学部の事例

Ⅲ　情報・知識の活用能力重視の事例
6章　図書館と連携する―立命館アジア太平洋大学の事例
7章　レポート作成と専門の知をつなげる―東京海洋大学海洋科学部の事例

 支える　　　　　　　　　　　　 支える

第3部〈今後の展開のために〉

「日本語リテラシー」を支える理論

1章　「日本語リテラシー」育成のための授業設計のポイント
2章　現場の混乱を整理するための3つの教育モデルと授業デザイン

 共有

第3部〈今後の展開のため〉

授業を支えるFD体制づくり

3章　専任教員全員で人間力育成プログラムを担う―トップダウン型の事例
4章　授業を成功させるための教員協働によるFD連携―ボトムアップ型の事例

本書の第2部で紹介する授業実践事例の分類

実践例	重点目標	教育観	課題領域	プロセス	ユニット	協働	FD等
1章 河合塾と大学 事例①	I	教えるから気づかせるへ	対課題	プロセス・ライティング	一部7週単位	グループワーク	外部教員との協働
1章 河合塾と大学 事例②	II	教えるから気づかせるへ	対自己 対課題	プロセス・ライティング	一部4週単位	グループワーク	外部教員との協働
2章 京都文教大学	I	教えるから気づき合うへ	対自己 対課題	一部にあり	3〜4週単位	グループワーク	ボトムアップ
3章 河合塾	I	教えるから気づかせるへ	対課題	細部から全体へ	4週単位	グループワーク	トップダウン
4章 日本文理大学	II	気づかせるから気づき合うへ	対人 対自己	一部にあり	10週単位	グループワーク	トップダウン
5章 九州国際大学	II	教えるから気づかせるへ	対課題	プロセス・ライティング	3〜4週単位	グループワーク	ボトムアップ
6章 立命館アジア太平洋大学	III	気づかせるから気づき合うへ	対課題	プロセス・ライティング	7週単位	グループワーク、レポートの相互批評	教員と図書館等職員との連携／協働
7章 東京海洋大学	III	気づかせるから気づき合うへ	対課題	プロセス・ライティング	15週	ピア・レスポンス	異分野教員協働、相互FD

〈本書で紹介する実践事例の分類基準〉
・日本語リテラシー科目の3つの重点目標（第1部2章で詳述）
　重点目標Ⅰ：能動型の学習を通して基本的な日本語リテラシーを獲得する
　重点目標Ⅱ：社会で活躍するためのジェネリックスキル（汎用的技能）を養成する
　重点目標Ⅲ：専門教育につながる情報・知識の活用能力を養成する
・3つの教育観「教える」・「気づかせる」・「気づき合う」（第3部2章で詳述）
・3つの課題領域「対人」・「対自己」・「対課題」（第3部1章で詳述）
・3つの重点手法「プロセス・ライティング」・「ユニット」・「協働」のどれをどのように授業に取り入れているか（第3部1章で詳述）
・FD体制の特徴「ボトムアップ」か「トップダウン」か、「その他」か（第3部3章、4章で詳述）

はじめに
21世紀を生きる大学生のための「日本語リテラシー」教育の必要性

大島 弥生

1　情報化社会における大学生の日本語

1.1　今大学生の日本語はどうなっているか

　数年前まで、自分が大学でやっている授業の話をすると、「日本人大学生に日本語を教えなければならないなんて、ひどい時代ですね」と言われることがたびたびあった。どうやら大人たちは、「今どきの若い奴の日本語はこんなにダメ」という言説が好きなようで、「ゆとり教育の世代はやっぱり…」という「鬼の首を取った」ような発言もしばしば聞かれた。

　こういった発言を聞くたびに、違和感を抱いていた。たしかに、若い世代の言語使用に驚くことは日常的にある。たとえば、レポートに「段落」がなく、全文を改行したり、時には1文ごとに1行のスペースを空けて打つ学生がいる。驚いて、「どうして空けてるの？」と聞くと、真顔で「このほうが読みやすいと思って…」と答える。言われてみれば、たしかにメールやWeb上の文には、1～2行ごとの改行や行単位のスペース挿入も多い。一見「非常識」と思える学生の文章にも、われわれ教員世代が気づかない、新しい「読み手への配慮」がなされていることがあるのかもしれない。

　また、「したがって、…することが重要なのである。このことを今後も考え続けていきたいです」と締めくくるレポートが毎年提出される。ここが肝心というまとめになぜか"ですます"体が使われている。「"ですます"体と"である"体をひとつの文章に混在させてはいけない」ということを留学生にも日本人学生にも何回も言っているのに、と腹が立つものの、これも新書

やWebサイトやブログではしばしばお目にかかる文章である。もしかしたら、こういった混在も、表現技術として意図的に行っているのかもしれない。

　一方で、レポートを課すたびに「コピペ（コピーアンドペースト）」の多さに泣かされるという話もよく耳にする。学生にしてみれば、「ググれば（Googleなどの検索エンジンで調べれば）分かるのだから、それを写してなぜ悪いのか」「自分で考えるよりも調べて正確なことを書いたほうがいいのではないか」という意識もあるのかもしれない。レポートを出す側には、「ググっただけでは書けない」課題の設定が求められる。

　このように、21世紀を生きる今の大学生を取り巻く日本語環境は、インターネットや携帯メール、SNSといった、新たな情報メディアからのインプットが中心になりつつある。これに加え、大学入学者の増加による層的拡大も、使用言語の変化に影響を与えていると言える。同世代のほぼ半数が大学に進学する状況の中、もはや大学生であっても新聞や雑誌などの既存の文章メディアの読み手であるとは限らず、ましてや論説の中心的な書き手であるとは言えない。われわれの世代が考える、改まった書きことばで意見や情報を発信することは、彼らの日常的な言語生活には稀有であろう。

　このように、情報化の進展によって、大学生などの若い世代を取り巻く環境は大きく変わり、どのような日本語が彼らに日常的にインプットされているのか自体が変化している。その結果、「日本語のコミュニケーション」に期待される配慮や規範は、親や教員の世代のそれとは異なっているのではないか。だとすれば、単に「日本語力がない」と非難するばかりではなく、どこがどうなぜ異なっているのかを見極め、われわれの側の日本語への期待や規範を伝えていくことが必要であろう。Web上の情報についても、単なる利用禁止ではなく、正しく「ググって」それを正しく利用して書く方略を示すことが必要なのではないだろうか。現在の大学教員の世代では、学生時代に「レポートや論文はこう書け」と明示的な規範や方法を示されたケースは、欧米への留学経験がないかぎり、少ないのではないか。自分が明示的に習っていないことを教えるのは手間がかかることだが、多種多様な文章規範

が混在する今、「どんな文章がなぜ求められているのか」「どうやったら書けるのか」というかつての暗黙の了解を、大学生に向けて体系的かつ効果的に示す必要がある。

1.2　大学生のコミュニケーションは情報変化の影響をどのように受けているか

　学生を含む若者の言語生活の中で、近年圧倒的に増大したのは、電子メールやツイッターなどのデジタル・メディアの中での書く行為であろう。たとえば、メールを読み書きする時間を2005年と2010年とで年代別に比較すると、携帯メールでは全世代平均で1日当たり4.91分増加、特に20代で17.42分増加（30.13分から47.55分へ）と大幅に伸びている。また、中高年のメール受信発信行動がパソコン中心であるのに対し、10代・20代は携帯電話中心であることも指摘されている（総務省「ICTインフラの進展が国民のライフスタイルや社会環境などに及ぼした影響と相互関係に関する調査」2010年）。若者にとっては、デジタル・メディアの中でもより短文志向と思われる携帯電話でのメール受信発信が、現状では「書くこと」による日常コミュニケーションの中心だと言えそうである。

　これらのデジタル・メディアの中での書く行為は、大学での伝統的な「書くこと」のジャンルであるレポートや卒業論文とは、スタイルも目的も異にしている。このようなジャンルでは、たとえば「＊＊学の授業、単位キビしそうだね」というメールが友人から来たら、反論したり証拠を挙げたりするよりも、「だよねぇ〜(^_^.)」というメールを瞬時に返すことが、書くコミュニケーションの能力としてより高く評価されるのではないだろうか。そこで若者たちがもっとも気を配っているのは、論理性や証拠の明示ではなく、他者への配慮であろう。

　三宅（2005）によれば、大学生の友人間の携帯メールには、返信の速さとテンポを保ち、語りかけに対して応答詞や感動詞で即時に反応し、絵記号にポーズ・あいづち・トピック転換の役割を担わせ、縮約形・古語・方言・造

語などで相手との親密感をかもすといった表現特徴が見られ、文字で表記する「書きことば」によって「話しことば」らしさが作りだされているという。

　このように、若者の日常的な「書く」コミュニケーションにおいては、顔文字や擬音の使用や、返信までの時間なども、他者への配慮を表す重要なコミュニケーションの手段となっている。これらの手段によって、日常的な話しことばのイントネーションや声の大きさ、表情が表している表現意図を、彼らはできる限り再現しようと試みている。「書くこと」のこのような新特徴はしばしば日本語能力低下の根拠に用いられるが、実は伝統的な書きことばの運用能力とは異なる表現意図を達成しているのであり、別種の複雑な能力によって支えられているとも言える。それならば、大学の授業でレポートなどの伝統的な「書くこと」のジャンルを指導する際にも、彼らのこのような他者配慮のコミュニケーション能力を生かし、読み手配慮のコミュニケーション能力の育成につなげていくことができないだろうか。

1.3　大学生の日本語指導の目標をどこに据えるか

　若者を取り巻く日本語コミュニケーションのありさまがこのように多様化する中、目に見える日本語の規範の指導を志向し、大学生への指導目標とするような動きも見て取れる。近年、民間企業による新たな記述テストやそれに類する小論文課題の独習教材の開発が進んでいる。日本語母語話者を主対象とした大規模テストとしては、「日本漢字能力検定（漢検）」（財団法人　日本漢字能力検定協会）がよく知られ、人物評価に利用している大学は、461校（平成21年協会発表）にも及ぶという。また、「日本語検定（語検）」も2007年から実施されており、6領域（語彙・表記・文法・言葉の意味・漢字・敬語）の「個人カルテ」を受験者（9.1％が短大・大学・大学院とのこと）に示しているという。小学生および中高生向けに2007年に新規に開始された国語力検定（株式会社Z会主催）では、「書くための能力」という項目を設け、「文字、語句、文章を正しく書き、表現を工夫することができる」力を測定しているという。これらの大規模テストの盛況は、大学生の日本語力へ

の注目の表れとも言えるが、日本語の規範の希薄化の中での規範の可視化、新たな規範設定への期待とも受け取れる。

　その一方で、大学生の学力・日本語力の多様化も指摘されており（小野2004ほか）、リメディアル教育や初年次教育において訓練を課す傾向も強まっている。大学生の日本語力測定の手法として、小野(2004)では、語彙や漢字を多く知って正しく用いる力を測る「日本語力判定テスト」を開発し、複数の大学において実施した結果を示している。それによれば、国立大にも少数の中学レベルの学生が存在し、私大・短大は中1レベル以下から高3レベル以上まで幅広く分布していたという。つまり、ひとつの機関にも、たとえ母語であっても能力が異なり言語生活の環境が異なる学生が混在している可能性が高い、ということである。

　大学生の日本語力の多様化は、入試選抜の多様化の表れでもある。近年の推薦入試やAO入試の広まりにより、大学入学試験における「書くこと」の重視の傾向が強くなっている。しかし、その採点・評価の恣意性や基準の不明確さには批判も多い（石川2010ほか）。島田(2012)は、AO入試を推進してきた立場から、入試小論文対策が当初の目的とは異なり「受験生の『興味・関心』や『学習意欲』『発想力』などを測るものと捉え、それを過度に意識した学習指導が行われる場合には、対象への理解が不十分なままに意見を述べることを繰り返したり、さまざまなテーマに一通りの解答を準備したりするような、学習の形骸化が起こる危険をはらんでいる(p.80)」ことを指摘すると同時に、従来の読解偏重の大学入試の「国語」が高校3年間でまとまった分量の文章を書く指導を受けた経験が乏しいまま大学へ進学する者を大量に生み出していることを批判している。

　では、このような状況を受けて、大学の授業を設計する教員は、何を目標とし、何を教材としてどういった活動を通じて指導していけばよいのか。単に大規模テストで示せるようなシングルスケールの語彙力や正誤判断の能力育成だけでは不十分であることは言うまでもない。デジタル・メディアに親しむ一方で、モデルとなるべき伝統的な「書きことば」への接触機会が少な

い学生が多い場合には、従来のような非明示的な指導では、いつまでも変化が起こらないかもしれない。その際には、文章モデルの明示あるいはモデルの特徴について自ら気づかせるような活動が必要となる。図書館をはじめとする学内外の「書きことば」のリソースへの接触を促すことも、授業に取り入れる必要がある。そして何より、「書きことば」によって何ができるようになることが求められているかを考えれば、断片的な文字語彙の能力ではなく、より応用的な言語能力の育成が必要とされていることは明らかである。それこそが、第1部1章と第1部2章で述べる「新しい日本語リテラシー」であり、問題を発見して解決するためにさまざまなリソースから必要な知識や情報を取り出し、それらを利用しながら、自らが考えたことを言語化する能力である。

2 本書のねらいは何か

2.1 「日本語表現デザイン塾」での授業設計の検討

　上述のような変化を受けて、近年、大学生の日本語表現能力育成の内容と方法の論議が高まっており、各地の大学で新たな科目・コースの開設が広まっている。筆者（大島）の勤務校では、2001年から「大学生のための表現法」という科目名で1年生にレポート作成と口頭発表を指導する科目が必修化された。筆者はそれまで留学生の日本語教育のみを担当していたので、この科目を担当するにあたり、国語教育、言語技術教育、英語教育、教育工学などのさまざまな分野の学会・研究会で情報収集を行った。その中で知り合ったメンバーの中から、京都文教大学の中村博幸氏、河合塾の成田秀夫氏を中心に日本語表現関連科目（以下、「日本語リテラシー科目」と総称する）の設計の勉強会が始まり、「日本語表現デザイン塾」という名称で教員向けのワークショップなどを企画するに至った。ここでの「デザイン」とは、15回の授業の設計を検討するということを意味する。

　日本語表現・文章表現の能力を培うには、学生が能動的に活動に参加し、

かつ自分の書いたものを自らふり返る作業を積み重ねる必要がある。しかし、講義に習熟した教員であっても、能動型・活動型の授業への転換は容易ではない。このことは、教員向けワークショップでたびたび感じられた。熱意を持ち、授業実践に大変な労力を費やしている先生方から、「毎回文章を書かせて添削しているのに効果が上がらない」「クラスごとに教員がまったく違ったことをやっていて、科目全体としての効果が見えない」といった声が多く聞かれた。大学生向けの教材も毎年多々出版されているが、「うちの学生にぴったりあった教材がない。新たに教材をゼロから作るのは大変」という声もあった。たしかに、日本語リテラシー科目は手間のかかる科目であるが、新たに関わる先生方が共通した問題に直面するのは、あまりにもエネルギーを浪費しているように感じられた。そこで、「日本語表現デザイン塾」では、2～3時間の短縮バージョンから2日間のじっくりバージョンまでの内容を抽出し、授業設計のキーポイントを考えてもらう科目担当者向けワークショップを企画した。

2.2 本書のねらいとポイント

本書は、これまで行ってきた日本語リテラシー科目の担当者向けワークショップの内容を中心に、筆者らの所属する6機関の事例も加えて、「日本語リテラシー」科目に何が求められているか、それをどう実現するかを示そうとするものである。以下の各部分では、単なる「日本語リテラシーの教え方」ではなく、「日本語リテラシー」科目に何が求められているかを認識し、その設計を変えることで何を行ってきたか(第1部)、それぞれの事例はどんな能力の養成に焦点を当てたのか(第2部)、それを複数クラスで可能にするためにどんな運用上の工夫を行ったのか(第3部)を中心に紹介したい。

本書では、特に以下の重点目標Ⅰ～Ⅲのポイントに絞り込んで実践や理論を紹介する。というのも、日本語表現デザイン塾が主催した複数回のワークショップにおいて、さまざまな背景や経験を持つ科目担当者が集まって限られた時間で議論した際に、以下のポイント提示が一種の共通語として機能し

やすかったからである。

- 日本語リテラシー科目の3つの重点目標(第1部2章で詳述)
重点目標Ⅰ：能動型の学習を通して基本的な日本語リテラシーを獲得する
重点目標Ⅱ：社会で活躍するためのジェネリックスキル(汎用的技能)を養成する
重点目標Ⅲ：専門教育につながる情報・知識の活用能力を養成する

- 3つの教育観「教える」・「気づかせる」・「気づき合う」(第3部2章で詳述)
- 3つの課題領域「対人」・「対自己」・「対課題」(第3部1章で詳述)
- 3つの重点手法「プロセス・ライティング」・「ユニット」・「協働」のどれをどのように授業に取り入れているか(第3部1章で詳述)
- FD体制の特徴「ボトムアップ」か「トップダウン」か、「その他」か(第3部3章、4章で詳述)

　上述のポイントやキーワードは、本書の各章各節の実践や理論の説明において、それぞれの特徴を記述するために用いられる。
　現代の大学生を「携帯メールばかりで日本語もロクにかけないダメな学生」と批判する声は根強い。しかし、現代のグローバル化・多様化した情報社会・知識基盤社会においては、日本語リテラシーも新しいものに変容している。そこでは、獲得した知識を活用し、問題発見と解決を行う際のプロセスを言語化する日本語力が求められている。大学教育現場では、それを教えるために、現状・対応策・理論の整理が必要だ。本書では「若者の日本語はダメだ」「美しい日本語を」とうったえるのではなく、「リテラシー」としての日本語を教える実践者への情報提供を目指す。

参考文献

石川巧(2010)『「いい文章」ってなんだ？―入試作文・小論文の歴史』筑摩書房.
小野博(2004)「大学生の学力低下問題と理科教育：日本語力テストの開発と日本人大学生を対象とした日本語学習」『大学の物理教育』10(2):pp. 81–84.
株式会社Ｚ会「国語力検定」ホームページ
　　http://www.zkai.co.jp/kentei/index.html　2010年9月28日アクセス
財団法人日本漢字能力検定協会「漢検CBT」ホームページhttp://www.kanken.or.jp/cbt/
　　2010年9月28日アクセス
島田康行(2012)『書ける大学生に育てる　AO入試現場からの提言』大修館書店.
三宅和子(2005)「携帯メールの話しことばと書きことば　電子メディア時代のヴィジュアル・コミュニケーション」三宅和子・岡本能里子・佐藤彰編『メディアとことば2　組み込まれるオーディエンス』ひつじ書房.

第 1 部〈背景〉

社会の変化と高等教育に求められる
「日本語リテラシー」

1章　変化する情報社会に求められる人材と「日本語リテラシー」

中村　博幸

　ネット・ケータイ・スマホとICT（Information and Communication Technology）は目まぐるしく進歩している。そこでこの章では、情報社会の現状を情報文化社会として捉え、それに伴って社会が知識をベースとした社会（知識基盤社会）に向っていることを解説する。その上で、知識基盤社会で求められる人材についてもふれる。

　一方、高等教育の変化は学生の文章力の揺らぎをもたらしている。このことが知識基盤社会への変化にどう影響するか、問題提起を行う。

1　情報文化社会と知識基盤社会

1.1　情報文化社会

　○○社会とは、○○が社会の中心（基盤）となり、○○を持った人達が社会を占有していく社会である（図1）。そして、その各々に○○化社会、高度○○社会と言われる前段階、成熟段階がある。その意味では情報文化社会は高度情報社会であるとも言える。

農業社会 → 工業社会 → 情報社会 → 情報文化社会

図1　情報文化社会に至るまで

情報文化社会は大きく2つの特色を持つ。

特色(1)現実の社会から乖離した独特の文化が形成されていく。そして、メールやSNS(social networking service)に見られるように、使われる用語や語り口が特化していく。

例① 初音ミク現象

　初音ミクは、音声合成ソフトである[1]が、作品が動画投稿サイトにアップされキャラクターができ、アニメのように実体化していった。CD発売、現実のホールでのコンサート、生演奏とのジョイントコンサートなど、ヴァーチャルアイドルとして"実在"化している。

例② "聖地巡礼"[2]

　コミックやドラマなどフィクションの舞台と想定される場所がネット上で特定(収束)され、突然にファンの訪問が始まる。たとえば、『けいおん！』では、滋賀県の旧豊郷小学校が、アニメの舞台の高校だろうとされファンが集まった。地元との多少の摩擦を含みながら、現在では交流が行われ、定住するファンも出てきた。

特色(2)隠されていた情報が流れてしまうとそれを既成事実として社会が動いていく。しかも情報はネットを通じて世界中に流れ、元データを消去しても、コピーデータがネット上に残るために影響が生じてくる。

例① 尖閣諸島のビデオ流出、ウィキリークス(WikiLeaks)

　尖閣列島のビデオでは海上保安庁の艦と中国漁船との衝突の実像が流出し、日中政府の政治的解決を困難にした。ウィキリークスの場合は政治上の公式見解や駆け引きの舞台裏が暴かれることにより、リアル(現実)な国際関係にも影響が出る。

例② 犯罪的映像の流出

　いじめや児童への性犯罪で撮影された映像がネット上に流出し、元データが消去されても、コピーされた映像が残っているかもしれない。被害者に心理的に与える影響は直接被害より大きいとも言える。

情報文化社会が進むと、リアル(現実)社会とヴァーチャル(仮想)社会を往還する者が若者を中心に増加し、ついには現実と仮想、物質と情報が同等の価値を持つようになる。これは社会の情報化とも解釈できる。そのような社会では、物質が情報のために存在するところまでには至らなくとも、情報を読み、情報を操ることによりリアル(現実)社会をコントロールできるようになる。

1.2 知識基盤社会

前項での情報を知識と読み替える[3]と、情報＝知識はこれからの社会で必須であることが分かる。

(1) 知識基盤社会(knowledge-based society)

最近「知識基盤社会」ということばが聞かれる[4]。「知識が社会・経済の発展を駆動する基本的な要素となる社会を指す。類似語として知識社会、知識重視社会、知識主導型社会等がある」(平成20年中央教育審議会)

この"知識"を前項で述べた"情報"に置き換えると矛盾なく意味が通じる。ただ、いくらかは前向き(光)と後ろ向き(影)の違いはあるが。そこで、知識基盤社会を前向きの情報文化社会として捉えるために、もう少し内容を詳しく述べる。

(2) 知識基盤社会の特色(第1部1章2節2.1参照)

知識基盤社会は**表1**のような要素を持つ。

表1 知識基盤社会の特質

①知識には国境がなく、グローバル化が一層進む
②知識は日進月歩であり、競争と技術革新が絶え間なく生まれる
③知識の進展は旧来のパラダイムの転換を伴うことが多く、幅広い知識と柔軟な思考力に基づく判断が一層重要となる
④性別や年齢を問わず参画することが促進される

(平成17年1月中央教育審議会)

表1の内容は、以下の①〜④のように解釈できよう。

①インターネットを通じて、国境に関係なく情報が伝わるばかりでなく、情報が普遍化した知識となってどこでも通用する。すなわち、ある地域・文化だけに通用するローカル知識ではなくなる[5]。

②知識そのものが"進化"し、先手必勝となる。特に国際経済やIT産業では顕著である。

③新しいことを知っているだけでなく、旧来の知識と組み合わせてさらに新しいことを創出する。ips細胞などはまさにその例である。

④性別や年齢を問わないということは、従来有利とされた性や年齢であっても、知識基盤社会では阻害されていく可能性がある。

したがって知識基盤社会に参画するためには、条件整備ばかりでなく、絶えず自己研鑽を行う、生涯学習の意識が重要となる。

(3) 知識基盤社会の影響

知識基盤社会は、知識が社会の中心となる。そこでは既存の物質や組織を中心として、その継続や再生産を軸とした社会の仕組が通用しないと考えられている。たとえば学歴についても、東京大学 → 一流企業 → エリート公務員といった図式が崩れ、グローバル社会で通用する一流の知識、課題解決力が身につく大学が学歴エリートとなる（旧学歴 → 新学歴）。そこでは受験勉強、一流大学入学といったことだけを目的としてしまう層は落伍者になる。その意味では、実質を伴わない世襲は崩壊しつつある（議員、経営者など）と言えよう。

文化資本[6]も、歴史・芸術といった教養的な知識から、リーダーシップやコミュニケーション力といったジェネリックスキル（汎用的技能、第1部2章2節を参照）に変化し、さらに資本主義における資本は、経済資本から情報資本へと変化しつつあると言えよう。

1.3 情報文化社会における文章

記録手段として発明された文字・文章は、記録性を残しながらも、伝達・

コミュニケーションのツールとなり、そして現在では刹那的に消費される記号と化しつつある。

(1) 文字と映像の境界がなくなる

　映像が自由に記録でき編集が容易になることによって、自己の主張・イデオロギーをメッセージとして映像に組み込むことが誰にでもできるようになる。さらに通信・ネットワークの性能向上により作製した映像を、特定の個人や世界中に発信できる。つまり文字（文章）でしかできなかった表現・伝達は、映像によっても可能になりつつある。そこでは公式記録や公式文書だけが、あたかも数式のように文字（文章）で行われる。

　日常と公式の使い分けが進むが、公式文章を必要としない世界では、文字文化の衰退が進む。そうすると次に文字は視覚的な記号として使われるようになる。ゴシック体やイタリック体で装飾された文字・コピーは、意味よりも視覚的画像としてのメッセージを発信する（スプレーによる落書き文字も同様であろう）。

(2) 文章の消耗品化

　作家による文学作品ではなく、「電車男」のようにWebサイトでの書き込み・コメントによってストーリーや文章を作り上げていく小説では、完成版がなく、ブーム後は忘れられていく（前述の「聖地巡礼」現象に近い）。そこでは著作権も確定しにくく、むしろ消耗品としての小説であると言えよう。またメールは、手紙のように推敲などがされていないため、感情の行き違いやトラブルが多く発生するが、言われるまでもなく消耗品としての文章となっている。さらにコミックばかりでなく、通常の文章にもオノマトペ[7]が現れている。

(3) 消耗される文章と記録される文章の乖離

　映像の時代になっても記録される文章は残る。

〇公式文書

　法律、契約書など

〇書籍

文学は文字通り、文章で表される。
○論文・レポート
かなり図表化やビジュアル化が進んだとはいえ、骨子は文章である。
○データベースなど
データのビジュアル化は進んでいるが、検索や概略のキーワードは文字である。

記録を要件としない文章の映像化が進めば、両者の間には乖離が進む。そのことは、日常に記号としての文字しか使用しない者と、記録される文章との間の溝が大きくなることを意味する。

情報文化社会における文章の現状を述べてきたが、コミュニケーションとしての文章は、どちらの比重が大きいだろうか。さらに知識基盤社会における文章はどちらであろうか。むしろ表現としての文章よりも、思考としての文章の役割が重要になってくると言える。

2 社会で求められる人材の変化

知識基盤社会では、社会そのものの変化により求められる人材も変化する。第1部2章で詳しく説明するが、ここでは概略を俯瞰する。

知識基盤社会では、物質的な基盤でなく、知識を基盤とし、さらにその知識が変化する。そこでは汎用的に役立つ能力が重要である。OECDではそれをキー・コンピテンシー(主要能力)と名づけ、グローバル社会で重要な能力と位置づけた。その必要性は**表2**のように想定しうる。

表2 キー・コンピテンシーの必要性

①人生の成功や社会の発展にとって有益
②さまざまな文脈の中でも重要な要求(課題)に対応するために必要
③特定の専門家ではなく、すべての個人にとって重要

そして、OECDのキー・コンピテンシーは社会の中で経験によって身につくだけでなく、教育によっても育成可能であると提唱した。それを受けてPISA[8]では、学習目標として知識の獲得、問題解決力・課題解決力の育成を挙げ、さらに日本でも、キー・コンピテンシーに相当する能力の育成を重視し始めた。

学校教育においても中央教育審議会答申(平成23年1月)をもとに、幼児期から生涯学習までのキャリア教育を提唱している。特に高校・大学では答申の中で各々1章分を使って、具体的なキャリア形成教育の指針について述べている。それに応じて、高校ではキャリア主任が決められ、就職(斡旋)・進路(選択)ではない、将来に向けての自己形成、課題解決力などのコンピテンシーの育成が図られようとしている。また大学においても専門教育の中での職業観を育成する科目(例：○○学とキャリア)の開設が義務づけられている。

キー・コンピテンシー(**表2**)は、抽象度の高い概念であるため、それをもとにさまざまな要素別能力が提案される。たとえば文部科学省「キャリア発達に関わる諸能力」においては、当初、4領域8能力として考えられていたが、OECDのキー・コンピテンシーの提案を受け、「基礎的汎用能力」として再整理されている(図2)。

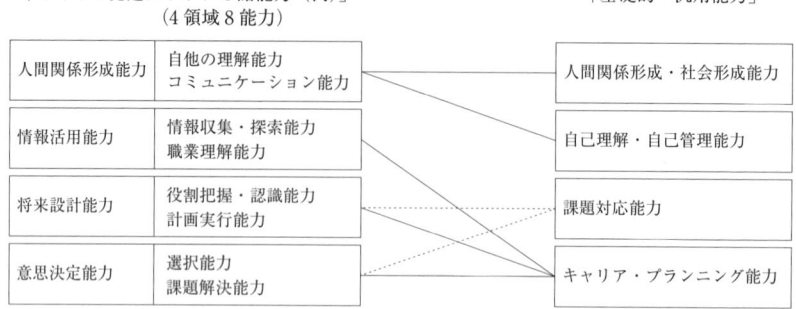

図2 キャリア発達にかかわる諸能力(文部科学省キャリア教育の手引きより)

3 高等教育の変化と日本語リテラシー

こうした社会の変化の中で大学生の文章力が低下しており、大学で学ぶために必要な文章力が揺らいでいると言われて久しい。その背景を整理してみる。

3.1 高等教育のユニバーサル化

M・トロウは、大学進学率が50%を超えると、それは特別な存在ではなく普遍的な現象となると説明した(ユニバーサル・アクセスの時代)。

日本が既に突入しているユニバーサル・アクセス化の時代とは以下の(1)〜(3)のような特徴を持つと考えられる。

(1) 学歴のインフレ化

大学は知的な価値を尊重する場であり、学習意欲が高い者が進学する場であるとともに、その卒業生が社会のリーダーや中核として活躍するという考えから見たとき、同世代の50%が大学生であるということは、高等教育のインフレ化にほかならない。

それは学習意欲や知的好奇心の欠如した者の入学を意味する(図3)。図3

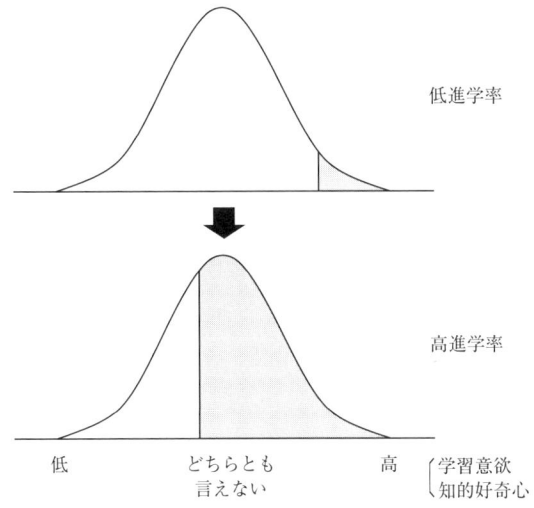

図3　大学のユニバーサル化と学習意欲

中のアミカケ部分は、同世代の大学進学者の分布を示している。

言いかえると、以前は高校卒業者の中にも知的好奇心や学習意欲の高い者が多かったが現在では極めて少数になっている。一方大学生の中にも学習意欲が低い者が急増し、両者が混在することを意味する。

(2)　大学および大学生の多様化

進学率の上昇は、大学生やそれを収容する大学数の増加を意味する。図3の母集団となる学生の増加は、学生の質の多様化(格差)を意味し、同時に大学間の格差が大きくなる(18歳人口の減少が極端に進めば、大学進学者の実数は少なくなるが、学生の知的好奇心や学習意欲のバラツキには影響を与えない。学生数および大学数に影響を与えるだけである)。そこで非選抜型大学[9]に低意欲で知的好奇心を持たない学生が集中することとなる。そのような大学で、文章力の低下が著しい。

(3) 大学生の授業態度の悪化

学生の生徒化や私語などの授業態度の悪化は、トップ層の伝統大学でも多数見られるようになっている。これは、初等中等教育にも同様であると言える。

3.2 知識基盤社会への対応の問題点

知識基盤社会で必要とされる能力を育成するプログラムと、大学の現状とのギャップがさまざまな問題を引き起こしている。

(1) キャリア形成に関わるキー・コンピテンシーの不足

・学習意欲、学習習慣がない

意見を求めても「特にありません」と答え、課題を出しても、どこからどのように手を出して解決してよいか分からない。立ちすくみ、放置しておく間に時間が経過する → 意志決定能力、対課題基礎力などの欠如。

・基礎学力がない

極端な場合は、与えられた課題の文章を読み取る力がない → 情報活用能力などの欠如。

・自我意識や自尊感情が低い

自己肯定感が低く、自尊感情を持てない。その裏返しとして、「自分は大丈夫」という開き直りが、リメディアル教育講座やキャリア教育講座の無視という行動となって現れ、教員が具体的学力に触れたり、社会性の問題に触れると「キレル」ことがある → 人間関係形成能力、自己理解・自己管理能力などの欠如。

(2) 上位層と下位層のスタート地点の落差の拡大

キー・コンピテンシーは知識ではないので、ある段階で記憶(データ)的に習得できるものではなく、発達段階に応じてスパイラルに教育(学習)すべきものである。

ところが情報文化社会の現状についても、下位層ではその知識は偏っており、しかも消費する側にいる。アイドル(AKB48等)やネット(初音ミク等)

には詳しいが、裏の仕掛けの存在を知らない。政党の動きや経済についても無関心である。上位層では、それらの現象を分析する所からスタートすればよいが、下位層では「現象を相対的に見る」という考えからスタートしなければならない。その結果、下位層では達成感を得るために「体験学習」にならざるを得ない。

3.3 大学生の日本語リテラシー

　以上のように、情報文化社会の特質、知識基盤社会の到来、情報文化社会における文章と述べてきたが、大学生の文章力の低下は以下の2つの要因が混在していると考えられる。

(1)　情報文化社会・知識基盤社会における文章の変容

　情報文化社会では、文章で"表現する"必要が少なくなっている。文字文化の知的財産である歴史書や文学でさえも"マンガ○○○"が出版され、イメージをつかむのは文章より分かりやすいという現状がある。あたかも文章理解は不要であるかのような状況を呈している。

　しかし、情報文化社会は同時に知識基盤社会でもあると言える。そこでは、情報やデータそのものよりも、必要な情報を収集し、分析し、活用していく言語能力が一層求められる。理解や表現としての文章（言語）は、知識基盤社会ではますます重要になってくる。

(2)　大学ユニバーサル化による文章力低下

　文章力が低いと言われる層では、平易な文章の単語を知らない、言い回しが分からない。したがって、英語の苦手な者のリーディングテストのように、知っている単語だけをつないで理解しようとする。文章を書くときも同様で、知っている単語だけを使って文章を書くために、会話体で論理性のない文となる傾向がある。

　大学生の文章力低下は上記の問題が混在しており、その解決方法は要因によってかなり異なるのではないだろうか。

注

1 クリプトン・フューチャー・メディア社から発売された、音声合成ソフトの製品名。
2 最初は大河ドラマの舞台となった旧跡やロケ地を訪ねることから、町興しや観光イベントの目玉として使われた。
3 情報はinformationの訳語であるとされている。しかし類語にはknowledge、wisdom、intelligenceがあり、いずれも情報という意味を含む。たとえばアメリカ中央情報局はCIA(the Central Intelligence Agency)である。したがって、情報＝知識以上のものと言える。
4 文部科学省関係では、「我が国の高等教育の将来像」(平成17年1月中央教育審議会)や「学士課程教育の構築に向けて」(平成20年3月中央教育審議会)などで使われている。
5 たとえば宗教がローカル宗教から世界宗教になるには、ローカルな文化や人々でなく、グローバルに人間の普遍的な精神構造に触れ、ネイティブな文化から遊離することが必要だと言われている。
6 それを所持していると有利になるものを資本とすると、ある文化を理解し、身につけていると有利になる場合に文化資本という。
7 擬声語(ワンワン、ドキドキ、シトシト)や擬態語(ジャーン、ガーン、シーン)などからなる。
8 PISA(Programme for International Student Assessment)。OECDが進めている国際的な学習到達度調査で日本も参加している。順位が上がった、下がったとマスコミ報道されるが、日本が得意なのは知識分野である。
9 資格取得(栄養士・保育士・薬剤師など)を目的とせず、比較的小規模な私立大学(多くは地方に所在、または短大を改組した大学)のうち、実質倍率3倍以下の大学では教育上、さまざまな問題が生じているが、このような大学を非選抜型大学と呼ぶこととする。

参考文献

岡本健(2013)『n次創作観光』NPO法人北海道冒険芸術出版.
中央教育審議会(2011.1)「今後の学校におけるキャリア教育・職業教育の在り方について」.
トロウ, マーチン　天野郁夫・喜多村和之訳(1976)『高学歴時代の大学―エリートからマスへ』東京大学出版会.

2章　変化への対応
世界・日本の教育における対応の現状

成田　秀夫

1　21世紀型リテラシーとは

　「知識基盤社会」と呼ばれる現代社会は、われわれが今まで経験したことのない速さで物事が変化している社会である。そうした社会では人々は生涯にわたって学び続けることが求められており、「社会で求められる力」(第1部1章2節参照)も変化している。われわれはOECDの「キー・コンピテンシー」(第1部2章4節参照)、経済産業省の「社会人基礎力」や文部科学省の「学士力」などで提起された能力(第1部2章2節参照)を踏まえつつ、われわれなりに「現代的なリテラシー」(以下「21世紀型リテラシー」と呼ぶことにする)の定義を試みてみたい。

表1　21世紀型リテラシーの定義

知識基盤社会の中で、自らの問題や集団の課題を他者と協力して解決するために、自らの知識や技能を継続的に発展させるために、そしてよりよく社会に参加し社会人として活躍するために、情報を集め、情報を分析し、課題を発見し、その解決策を構想し、それらを適切に表現して、問題を解決しようとする能力。

　ここで定義した「21世紀型リテラシーの定義」は、「状況」と「目的」の設定、及び「能力」の定義から構成されている。

1.1 「状況」の設定

　現代のわれわれが生きていかなければならない社会は「知識基盤社会 (knowledge-based society)」と呼ばれる社会である。平成17年の中央教育審議会答申「我が国の高等教育の将来像」の定義によれば、「知識基盤社会」とは、「新しい知識・情報・技術が政治・経済・文化をはじめ社会のあらゆる領域での活動の基盤として飛躍的に重要性を増す社会」のことである。また、答申では「知識基盤社会」の特徴として次のようなことを挙げている。
　(1) 知識には国境がなく、グローバル化が一層進む。
　(2) 知識は日進月歩であり、競争と技術革新が絶え間なく生まれる。
　(3) 知識の進展は旧来のパラダイムの転換を伴うことが多く、幅広い知識と柔軟な思考力に基づく判断が一層重要になる。
　(4) 性別や年齢を問わず参画することが促進される。
　以上は「知識基盤社会」の概観であるが、こうした社会の中で個人で生き抜く力を想定しなければならないだろう。

1.2 「目的」の設定

　「知識基盤社会」である現代においては、過去の経験だけでは解決できない未知の課題に直面することも多い。したがって、「自らの問題や集団の課題を他者と協力して解決する」ことが求められている。また、知識や情報の変化も激しいので、「自らの知識や技能を継続的に発展させる」ことも必要である。また、そうすることを通して、個人が「よりよく社会に参加」することができ、さらに一人前の「社会人として活躍する」ことができるようになるわけである。

1.3 「能力」の定義

　以上のような「状況」の中で個人が自らの「目的」を達成するためには、知識や情報を効果的に収集し、それらを分析して解決すべき課題を発見し、

課題を解決するための解決策を構想し、他者と協力して解決する力が求められている。こうしたことは「問題解決」のための能力と言い換えることができる。そこで、ここでは「21世紀型リテラシー」を問題解決のプロセスに即した6つの能力として定義することにする。6つの能力とは「情報収集力」「情報分析力」「課題発見力」「構想力」「表現力」「実行力」であり、それぞれ**表2**のように定義したい。

本書では、自ら探求すべきことを「問題」、他者から与えられたりすでに公然とされていることを「課題」として区別するが、解決するべきことを見出す場合は「課題発見」、また解決するまでのプロセスやその能力を示す場合は「問題解決」と呼ぶことにする。

表2　21世紀型リテラシーの6つの能力

能力要素	能力の定義
①情報収集力	問題解決に向けて、幅広い観点から適切な情報源を見定め、適切な手段を用いて情報を収集・調査し、それらを適切に整理・保存する力 (コミュニケーションスキル、情報リテラシー)
②情報分析力	事実や情報を、思い込みや憶測ではなく、客観的にかつ多角的に整理・分類し、それらを統合して隠れた構造を捉え、本質を見きわめる力 (数量的スキル、論理的思考力)
③課題発見力	さまざまな角度、広い視野から現象や現実を捉え、それの背後に隠れているメカニズムや原因について考察し、解決すべき課題を発見する力 (数量的スキル、論理的思考力)
④構想力	さまざまな条件・制約を考慮しながら問題解決までのプロセスを構想し、その過程で想定されるリスクや対処方法を構想する力 (コミュニケーションスキル、数量的スキル、論理的思考力)
⑤表現力	状況や場面に即して、伝えたいことを伝えたい相手に、的確な手段を用いて伝える力 (コミュニケーションスキル、情報リテラシー)
⑥実行力	問題解決のプロセスを俯瞰し、解決策の実施をコントロールしながら問題解決を遂行し、それを評価する力 (問題解決力)

中央教育審議会は平成20年の答申「学士課程教育の構築に向けて」において「学士力」を定義し、その中で「汎用的技能」についても定義をしている。汎用的技能とは「知的活動でも職業生活や社会生活でも必要な技能」のことで、その内実として「コミュニケーションスキル」「数量的スキル」「情報リテラシー」「論理的思考力」「問題解決力」を挙げている。こうした定義はもっともなものであり、現代社会を生きる「学士」として必要不可欠であることは疑い得ないことである。しかし、各々のスキルや能力が並列されているだけで、それらの関係を整理し、構造化されてはいない。われわれは個々の能力を並列的に（あるいは無機的に）列挙するのではなく、問題解決のプロセスの中で構造的有機的に捉えることにする。それは、いつ、どこで、どのような能力が必要になるのかを明示することができるからだけでなく、「論文作成のプロセス＝思考のプロセス＝問題解決のプロセス」という基本的構造を明示して教育することができるからである。ちなみに、表2において、次節で述べる学士力でいう汎用的技能の内実とおおよそ重なる部分を（　）で示しておくことにした。

　では、こうした「21世紀型リテラシー」は、日本の高等教育の中でどのように位置づけられ、どのように教育されているのだろうか。

2　高等教育に求められる21世紀型リテラシー

　高等教育における質的転換が叫ばれて久しいが、その背景として、「知識基盤社会」へと社会自体が大きな変貌を遂げていること、大学がユニバーサル・アクセス化し多様な学生を受け入れるようになったことが挙げられる。言い換えれば、日本の高等教育は入口と出口の「2つの接続問題」を抱えていることになる。つまり、入口の接続問題とは、多様な学生を受け入れることに高等教育が対応しきれていないということであり、出口の接続問題とは高等教育が、変化する社会の要求に十分に応えられていないということである。こうした接続問題を考察する際にBarnett（1994）が提起した高等教育に

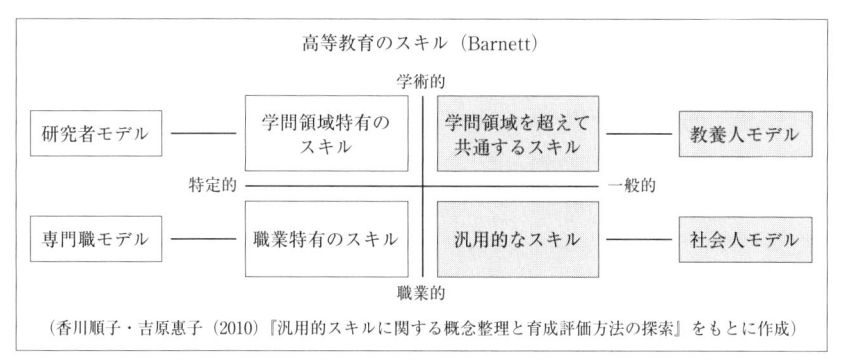

図1 高等教育におけるスキルの分類
（香川順子・吉原惠子（2010）『汎用的スキルに関する概念整理と育成評価方法の探索』をもとに作成）

おけるスキルの整理（図1）は示唆に富むものである。

　今までの日本の高等教育は「学術的で特定的な領域」（研究者モデルと呼ぶことにする）と「職業的で特定的な領域」（専門職モデルと呼ぶことにする）、および「学術的で一般的な領域」（教養人モデルと呼ぶことにする）における教育が中心であったが、社会との接続を意識すると「職業的で一般的な領域」（社会人モデルと呼ぶことにする）における教育の必要性が自覚されてきたと捉えることもできる。こうしたことは、経済産業省が唱える「社会人基礎力」や文部科学省が唱える「学士力」「キャリア教育」「就業力」などとも重なることであり、ワーディングこそ異なっているが、現在の日本の高等教育が抱える課題を指摘している点では共通したものである。

　ちなみに「学士力」は下記のように規定されている。

....
1. 知識・理解（文化、社会、自然等）
2. 汎用的技能（コミュニケーションスキル、数量的スキル、問題解決能力等）
3. 態度・志向性（自己管理力、チームワーク、倫理観、社会的責任等）
4. 総合的な学習経験と創造的思考力
....

本書では、「社会人基礎力」「学士力」「就業力」に共通の能力をジェネリックスキルと呼ぶ。ジェネリックスキルとは、専門にかかわらず、社会で求められる汎用的な能力・態度・志向のことである。

さて、われわれは「21世紀型リテラシー」を定義し、高等教育で提起されている課題を大急ぎで概観してきたわけであるが、本書は教育現場の実践で活かされることを願って企画されたものである。その趣旨からすれば、われわれが現在置かれている状況を捉え返すことも必要であるが、現状認識を踏まえつつ、「21世紀型リテラシー」を高等教育の現場でどのように育成していくのかという本論に話を進めなければならない。しかし、いきなり個々の具体的な現場におりてしまうと、かえって何をどのように教育するのかということが見えなくなってしまう。そこで、本書では高等教育の現状に即し、大学で育成するための「21世紀型リテラシー」を3つの重点目標として整理してみたい。

3　21世紀型リテラシーを大学で育成するための3つの重点目標

　これから述べる3つの重点目標は、先に指摘した高等教育が抱える「2つの接続問題」に対応したものでもある。具体的には高校から大学への接続不良を解消するのが第Ⅰの重点目標であり、初年次教育から専門教育への接続不良を解消するのが第Ⅱの重点目標、そして大学教育と社会との接続不良を解消するのが第Ⅲの重点目標である。

重点目標Ⅰ：能動型の学習を通して基本的な日本語リテラシーを獲得する

　ここでは、「識字」レベルのリテラシーの習得を踏まえ、日本語リテラシーの基本的な知識や技能を習得しつつ、「主体的・能動的に学ぶ態度」を育成することが目的となっている。初等中等教育のレベル、およびユニバーサル・アクセス化した大学での初年次教育のレベルが目安である。

　ところで、高校から大学への接続不良を解消する教育は「リメディアル教

育」と呼ばれることが多い。周知のようにリメディアル教育はアメリカで始まったわけだが、州ごとに多様な教育がなされ、また、人種も文化も多様な学生を受け入れ、かつ、社会人経験者も多数受け入れるアメリカの現状をそのまま日本にスライドさせて論じることは適当ではないだろう。日本はまがりなりにも「学習指導要領」が制定されており、かなり標準化された教育が行われているという現状がある。大学教育に適した学力がないのでリメディアルが必要だという烙印を押すのではなく、受動的な学びが染みついている学生を能動的な学びへと転換させつつ、基本的なリテラシーの育成を図ることが求められている。

重点目標Ⅱ：社会で活躍するためのジェネリックスキル（汎用的技能）
　　　　　を養成する

　ここでは、学士課程教育における「問題解決能力」としての日本語リテラシーの育成を目的としている。レポートや論文を作成したり、プレゼンテーションを行ったりするための言語能力の育成が目安である。

　自ら問題を発見し解決するという知的な活動には言語活動の下支えが必要になってくる。問題を理解してそれらを構造化する作業には言語を介した知的能力が不可欠である。分かりやすく言えば、モヤモヤした自分の問題感覚を言語化してまさに問題意識とすること、他者と問題や課題を共有しそれらを解決するためには言語を介したコミュニケーション力が不可欠であること、また自他のコミュニケーションを「メタ化」してその過程をふり返る際にも言語能力は必要であること、さらにレポートや論文の作成、プレゼンテーションのプロセスは言語を介した思考のプロセスそのものであること、などと捉えることができる。これらは、図1「社会人モデル」「教養人モデル」の育成においても重点であると言えよう。

重点目標Ⅲ：専門教育につながる情報・知識の活用能力を養成する

　ここでは、専門教育と融合しつつ、専門で学んだ知識を活かした、「現代

社会を生き抜くために必要な日本語リテラシー」の育成が目的となる。「21世紀型リテラシー」の完成を目指すものであり、広義の専門教育における学びを支える力としての「書きことばの力」を育成することが目安である。

　知識の変化が激しい現代社会は生涯にわたって学び続けなければならない社会でもある。そうした社会では、つねに情報の収集・分析、課題の発見・解決が求められている。こうした力は重点目標Ⅰ・Ⅱで習得されたリテラシーに立脚するものであり、専門教育につながる知の活用を可能にするのリテラシーとして位置づけられるものである。学部や大学で育てたい人材像と「21世紀型リテラシー」の育成は強くつながっていると考えられる。これらは、図1の「専門職モデル」「研究者モデル」の内容に相当すると言えよう。

　以上が3つの重点目標の概略であるが、以下、本書では第2部以降において、これらのタイプ分けに即して具体的な教育実践を整理していきたい。

　ところで、第2部の具体的実践例に入る前に、現代的な日本語リテラシーについて補足しておきたい。以下に述べる「第1部2章4節　リテラシーの現代的な意義」と「第1部2章5節　日本の初等中等教育におけるリテラシー教育の動向」は本編を補うものであり、必要があればふり返っていただければ幸いである。

4　リテラシーの現代的な意義
―OECD「キー・コンピテンシー」と現代的リテラシー

　「21世紀型リテラシー」の問題を論じる際に、OECDの唱える「キー・コンピテンシー」について確認しておかねばならないだろう。

　OECDは、1999～2002年にかけて、国際合意のもとで現代社会を生きる人間に必要な新たな能力概念を定義するプロジェクト（DeSeCo：Definition and Selection of Competencies）を実施し、ことばや道具を行動や成果に活用できる力（コンピテンス）の複合体として、人が生きる鍵となる力である「キー・コンピテンシー」の定義・選択を行った。12の加盟国から

今後どのようなコンピテンシーが重要となるかのレポートを得て、その結果について教育学から哲学、経済学、人類学など、さまざまな分野の専門家が学際的な討議を行い、**表3**の3つのカテゴリーにまとめた。

ここでいうコンピテンシーとは、単なる知識や技能だけではなく、技能や態度を含むさまざまな心理的・社会的なリソースを活用して、特定の文脈の中で複雑な要求(課題)に対応することができる力のことであり、「キー・コンピテンシー」とは、日常生活のあらゆる場面で必要なコンピテンシーをすべて列挙するのではなく、コンピテンシーの中で、特に、人生の成功や社会の発展にとって有益、さまざまな文脈の中でも重要な要求(課題)に対応するために必要、特定の専門家ではなくすべての個人にとって重要、といった性質を持つものが選択された、とされている。

表3 OECD・DeSeCoの「キー・コンピテンシー」

領域	キー・コンピテンシーの内実
1. 相互作用的に道具を用いる（対課題領域）	必要な理由：技術を最新のものにし続ける。自分の目的に道具を合わせる。世界と活発な対話をする。 1-A：言語、シンボル、テキストを相互作用的に用いる能力 1-B：知識や情報を相互作用的に用いる能力 1-C：技術を相互作用的に用いる能力 s
2. 異質な集団で交流する（対人領域）	必要な理由：多元的社会の多様性に対応する。思いやりの重要性。社会資本の重要性。 2-A：他人といい関係を作る能力 2-B：協力する。チームで働く能力 2-C：争いを処理し、解決する能力
3. 自律的に活動する（対自己領域）	必要な理由：複雑な社会で自分のアイデンティティーを実現し、目標を設定する。権利を行使して責任を取る。自分の環境を理解してその働きを知る。 3-A：大きな展望の中で活動する能力 3-B：人生計画や個人的プロジェクトを設計し実行する能力 3-C：自らの権利、利害、限界やニーズを表明する能力

(『キー・コンピテンシー』明石書店をもとに作成)

DeSeCo が3つの領域に分けてキー・コンピテンシーを定義したことは非常に意義深い。たしかにこの3つの領域はたいへん広域かつ抽象的なものであるが、教育現場の実践においては、教育目標から学習課題の設定に至るまで応用できるものであり、教育実践を「構造化」して捉える際に大いに役に立つものである。本書ではこの3つの領域を「対人領域」「対自己領域」「対課題領域」と呼び、本書の記述の中で統一的に使用することにした。

　ところで、2003 年に実施され、日本において学力低下論争に火をつけた PISA は、DeSeCo の定義した「相互作用的に道具を用いる」という領域（本書の「対課題領域」）に即して実施されたものである。PISA は義務教育終了段階の生徒対象に、「読解力（Reading Literacy）」「数学的リテラシー」「科学的リテラシー」について実施された国際的なアセスメントである。ここでは「リテラシー」という概念が用いられているが、DeSeCo の趣旨を踏まえると「いろいろな場面で、知識や技能を使いながら思考、判断し、自分の考えを人に伝える能力」（松下佳代 2010）のことであると言える。特に注意が必要なのは、こうしたリテラシーがグローバルな知識基盤社会を生きていくためには重要な能力であるとされていることである。ちなみに、PISA の3つのリテラシーは表4のように定義されている。

　ところで、日本においてリテラシーというと「読み・書き・そろばん」

表4　PISA の定義する3つのリテラシー

領域	リテラシーの定義
読解	自らの目標を達成し、自らの知識と可能性を発達させ、（効果的に）社会に参加するために、書かれたテキストを理解し、利用し、熟考し、これに取り組む力。
数学	数学が世界で果たす役割を見つけ、理解し、現在及び将来の個人の生活、職業生活、友人や家族や親族との社会生活、建設的で関心を持った思慮深い市民としての生活において、確実な数学的根拠に基づき判断を行い、数学に携わる力。
科学	自然界及び人間の活動によって起こる自然界の変化について理解し、意思決定するために科学的知識を使用し、課題を明確にし、根拠に基づく結論を導き出す力。

をイメージする場合が多いかもしれないが、リテラシーの歴史的変遷を概観すれば重層的な含みを持つものであることが分かるだろう。リテラシー (Literacy) は、もともと中世の「人文的教養 (Literature)」に端を発するものであるが、近代化の中で大衆を教育する必要が生じ、正しい「書きことば」の作法を身につけ、読み・書きする能力、つまり「識字」を意味するようになった。しかし、現代ではリテラシーの概念はさまざまな文脈の中で用いられるようになり、情報リテラシー、メディア・リテラシーなど特定の分野で用いられる「○○リテラシー」、あるいは批判的リテラシー、機能的リテラシーなどリテラシーの機能による分類などが現れてきた。

われわれは、若者がグローバル化した知識基盤社会である現代を生き抜くために、OECD の定義する「キー・コンピテンシー」などの現代的な能力観を踏まえながら、現代的なリテラシーを育成する教育を構築することが必要であると考える。以下において、初等中等教育におけるリテラシー教育の動向について述べたい。高大接続について考える際に大いに役に立つものである。

5　日本の初等中等教育における 21 世紀型リテラシー教育の動向

日本の初等中等教育において、「21 世紀型リテラシー」の育成はどのように進められているだろうか。近年の「学習指導要領」から見えてくることを概観しておきたい。もちろん、「学習指導要領」の中では OECD が定義する「キー・コンピテンシー」やここで論じている「リテラシー」というタームが用いられているわけではないが、これらのタームで示されているものと同様の概念を読み取ることができるので、そうした観点から整理してみたい。

2011 年 4 月から小学校で実施され、2012 年 4 月に中学校、そして 2013 年度入学生から（数学及び理科は 2012 年度入学生から）高校で実施されてい

る「学習指導要領」では、変化の激しいこれからの社会を生きるために「生きる力」、「確かな学力」、「豊かな人間性」、「健康・体力」という「知・徳・体をバランスよく育てること」が目指されている。ここで提唱されていることは、「生きる力」を育むという理念のもとにバランスのとれた教育を行うということであり、「詰め込み」の反動としての「ゆとり」、「ゆとり」の反動としての「詰め込み」ではなく、両者のバランスを重視することである。

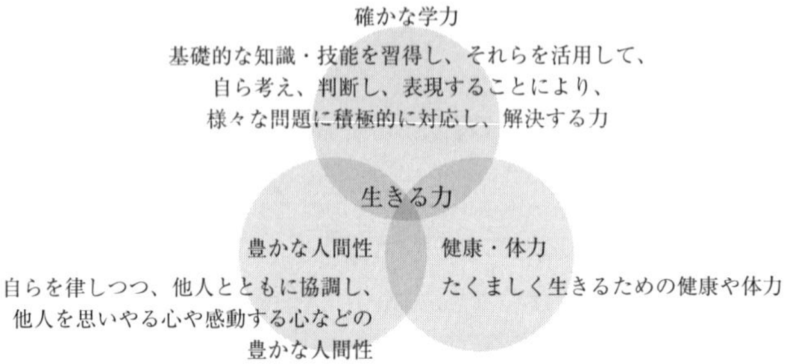

確かな学力
基礎的な知識・技能を習得し、それらを活用して、
自ら考え、判断し、表現することにより、
様々な問題に積極的に対応し、解決する力

生きる力

豊かな人間性
自らを律しつつ、他人とともに協調し、
他人を思いやる心や感動する心などの
豊かな人間性

健康・体力
たくましく生きるための健康や体力

図2　生きる力（文部科学省）

　図2は「生きる力」の概念を図示したものであるが、「確かな学力」と「豊かな人間性」の内実を見れば、われわれが「21世紀型リテラシー」で定義した内容と重なっていることが分かるだろう。特に「確かな学力」では「基礎的な知識・技能を習得し、それらを活用して、自ら考え、判断し、表現することにより、さまざまな問題に積極的に対応し、解決する力」がうたわれている。知識や技能の「習得」は教科学習をベースにしたものであるが、その知識を「活用」し、「思考力・判断力・表現力」を鍛えることで「問題解決力」を育成しようとすることは、われわれの定義した「21世紀型リテラシー」そのものであるとも言えるだろう。
　ところで、学習指導要領では、教科学習における知識の「習得」と「活用」、総合学習における「探究」活動が有機的に連関して学びを深めることがうたわれている。中央教育審議会の高校部会の取りまとめをしていた安彦

忠彦氏によれば、「活用」は教科の学習と探究活動をつなぐ役目を果たすものであり、教科の知識を活用する場面を教師が意図的に設け(活用Ⅰ)、そうした知識の活用の経験を踏まえて、教科の文脈を離れたところでも知識を活用できる機会を経験する(活用Ⅱ)ことを通して、学習者自身が自ら問いをたて知識を活用して課題を解決する(探究)ことが求められている。以下は、安彦忠彦氏の提起する「活用Ⅰ」「活用Ⅱ」「探究」の概要である。

【活用Ⅰ】
　①教科学習で習得した知識・技能のうち、活用させておくほうがよいものを、教師が選んで活用させる。
　②教師主導でよい。
　③その知識・技能の活用の文脈は、子どもにはすぐわかるような開けた既存の文脈で活用させる。
　④子ども全員に、共通に経験させ、達成させる（経験自体がねらい）。

【活用Ⅱ】
　①教科学習で習得した知識・技能を活用する。
　②教師と子どもとが、半々に関わるもの（半誘導的なもの）（←総合的な学習の場合は、すべて自発的なもの）。
　③その活用の基礎にある文脈自体も子どもにはまったく新しいもの。
　④個々の子どもによって、達成度は異なっても良いもの。

【探究】
　①どんな知識・技能を活用するか、本人しか分からない。
　②子ども自身が決めて活用するもの。
　③子どもも、新しい文脈でその知識・技能を活用する。
　④個々の子どもによって、何を活用しているかは別々でよい（経験ではなく、その結果の達成度が求められる）。

　　　　　　　　　　　　　　（安彦忠彦「高大接続研究会」資料より）

こうした知識の「習得」「活用」と「探究」活動の有機的連関は、大学での学びと直結するものであり、高大接続の観点からも、こうした「学習指導要領」で提起された問題を真剣に受け止め、高校から大学への学びの連続性を意識しておくことは、高等教育においても有益なことである。つまり、専門知識を「習得」し、それらを「活用」する場面を通して、大学生が自らの問題意識を持って研究課題について「探究」することは、まさに高等教育そのものの営為であると言えるだろう。図3は高大接続という観点から、知識の取得と活用、及び探究の関係についてまとめたものである。

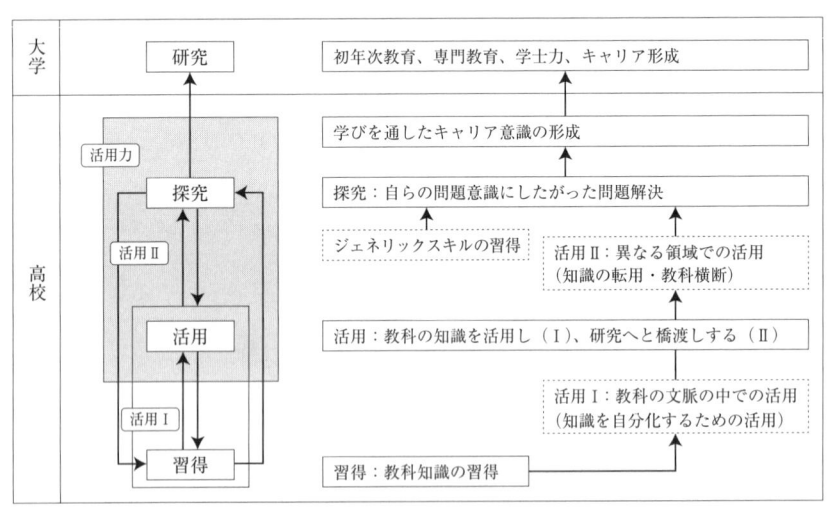

図3　高大接続を意識した知識の「習得」「活用」と「探究」の関係

　さて、このように「21世紀型リテラシー」の育成が初等中等教育においても開始されたことを確認したわけであるが、入学者を受け入れる高等教育の側もこうした動向を踏まえ、高大接続の意義を深めていく必要があるだろう。大学が高校へより積極的に働きかけていくことで、大学入学前に基礎的な日本語リテラシーが習得されているようになれば、大学の初年次教育、ひいては専門教育もより充実したものになると思われる。

参考文献

香川順子・吉原惠子(2010)「汎用的なスキルに関する概念整理とその育成・評価手法の探策」『学士課程教育のアウトカム評価とジェネリックスキルの育成に関する国際比較研究』: p.22. 平成 19–21 年度科学研究費補助金. 基盤研究(B)課題番号 19330190.

中央教育審議会(2005)『我が国の高等教育の将来像』: 第 1 章 1. 文部科学省.

中央教育審議会(2008)『学士課程教育の構築に向けて(答申)』: pp.12–13. 文部科学省.

松下佳代(2010)『"新しい能力"は教育を変えるか―学力・リテラシー・コンピテンシー』ミネルヴァ書房.

ライチェン, ドミニク・S, ローラ・H・サルガニク　立田慶裕監訳・今西幸蔵・岩崎久美子・猿田祐嗣・名取一好・野村和・平沢安政訳(2006)『キー・コンピテンシー―国際標準の学力をめざして』明石書店. (Rychen, D. S. and L. H. Salganik.(eds.)(2003) *Key Competencies for a Successful Life and a Well-Functioning Society*. Göttingen: Hogrefe & Huber Publishers.)

Barnett, R.(1994) *The Limits of Competence: Knowledge, Higher Education and Society*. Open University Press.

第 2 部〈実践事例〉

3つの重点目標を実現するさまざまな事例

1章　大学の教育目標に即して授業を作る
大学と外部講師との協働設計の事例

堀上　晶子

この事例の特徴

実践例	重点目標	教育観	課題領域	プロセス	ユニット	協働	FD 等
1章 河合塾と大学 事例①	I	教えるから気づかせるへ	対課題	プロセス・ライティング	一部7週単位	グループワーク	外部教員との協働
1章 河合塾と大学 事例②	II	教えるから気づかせるへ	対自己 対課題	プロセス・ライティング	一部4週単位	グループワーク	外部教員との協働

1　はじめに

　河合塾は、この10年余りさまざまな大学とコラボレーションしながら、大学生の「日本語リテラシー」に関わる授業を設計・実施してきた。ここでは現場でご苦労されている先生方の一助となることを願い、その手順やポイントと合わせて、2つの事例を紹介したい。1つ目の事例は、グループワークを取り入れた協働的な学びを通して、能動的な学習者への転換と基本的な日本語リテラシーの育成をめざしたプログラムである。2つ目の事例は、問題解決のプロセスに即して思考し表現する、ジェネリックスキルの強化をめざしたプログラムである。

　われわれがはじめて「日本語リテラシー」育成に関わる授業を受託した

のは2000年のことである。「レポートを書けない学生をなんとかしてほしい」という大学からの依頼であった。予備校の教材や教授力を期待して、予備校で行われている「小論文」的な授業を求められたため、テーマについて小論文を書かせ、答案を添削し、解説講義を行うことを繰り返す授業を実施した。しかし、予備校では学生の満足度の高い授業であっても、大学では充分な成果をあげることはできなかった。考えてみれば、大学入試という切実な目標を持っている予備校生と大学生とでは、置かれている状況もモチベーションも異なる。予備校の授業は大学受験を突破しようとする受験生のモチベーションとレディネス(学びに対する学習者の準備の状態)のもとに成立しているのである。「なぜ大学に入ったのにこんな授業を受けなければならないのか」「何を、どう書けばよいのか」。戸惑う学生を前に、われわれは、大学で文章表現力を育成することの意味やその手法について改めて考えさせられることとなった。

　その後、われわれは、大学での「日本語リテラシー」育成に関わる授業を設計し、実施するためのプロジェクトをたちあげ、種々の学会や研究会でお会いした先生方に教えを請い、議論を重ねながら、文章作成のプロセスに即して、グループワークなどのアクティブラーニングを取り入れた授業開発を行ってきたのである。

2　大学との協働による授業設計の手順とポイント

　大学との協働による授業設計は、大学の担当教員や教務課職員と河合塾の教員や事務局が顔を合わせ、授業設計をするために不可欠な以下のポイントを確認・検討し合うことからスタートした。まず、(1)授業の位置づけ、(2)学生のレディネス、(3)学習環境について確認し、(4)授業のねらいや目標を決定する。その上で、われわれが(5)学習内容や手法、(6)評価方法を検討・提案し、合意を形成していくのである。そして授業を実施し、授業の終了後には(7)ふり返りを行う。以下、7つのポイントについて簡単に整理したい。

2.1　授業の位置づけ
　①履修年次、前期・後期、単位数、必修か・選択か
　②到達目標として、学習目標として求められているもの
　③ほかの科目との棲み分けや連携

　①・②について大学の教育目標やカリキュラムに基づいて入念に共有化し、担当する科目がカリキュラム全体の中でどのような位置づけにあるのか、そして何が求められているのかを明確にしていく。③は、外部講師として、また「日本語リテラシー」科目を担当する者として、特に留意している点である。自分たちの守備範囲を超えることなく、いかにほかの科目や次の学年、専門科目につなげられるか、常にそれを考えているといっても過言ではない。「日本語リテラシー」は一度学んで終わりではない。学生がそれぞれに学んだことや課題を意識化し、ほかの場面で継続的に訓練すること、活用していくことが不可欠である。そのための体系的なプログラムや組織的な連携が求められる。

2.2　学生のレディネス
　①語彙力、読解力、文章作成力、論理的思考力など
　②モチベーション、興味・関心など
　③レポート作成、グループワークなどの経験

　学生のレディネスによって、学習目標や学習内容、およびその配列、さらには、教材(資料)の質や量、ワークシートの問いの出し方、レポートの課題や分量なども変わってくる。大学からの聞き取りとともに、事前課題を出したり、プレイスメントテストや「PROGテスト」(河合塾と(株)リアセックの共同開発によるジェネリックスキル(汎用的技能)の診断テスト)、アンケートを実施するなどして、その把握に努めている。また、授業の様子や学生が毎回記入する「ふり返りシート」の内容によって、授業開始後に学習内容やその配列を修正することもある。

2.3　学習環境
①対象学生の人数・構成(学年、学部・学科、男女比、留学生の有無など)
②運営体制(1クラスの人数、開講クラス、教員数、TAの有無など)
③教室の環境(広さ、机やイスは可動式か否か、PC・視聴覚機器などは使用可能か)

われわれのプログラムは、すべての回にペアワークやグループワークなどのアクティブラーニングを取り入れている。グループワークを行う場合、1クラス20〜40名で行うことが望ましいと言われるが、100名以上の人数の階段教室でそれを求められることもある。限られた条件の中で、いかに学習活動を活性化させていくのか、さまざまな工夫が必要となる。

2.4　授業のねらいや目標
大学側との打ち合わせにおいて、(1)授業の位置づけ、(2)学生のレディネスやモチベーションなどを共有し、授業のねらいや目標を明確化していく。

2.5　学習内容や手法
(1)授業の位置づけ、(2)学生のレディネス、(3)学習環境、(4)授業のねらいや目標を踏まえて、15コマの授業をデザインし、大学に提案し検討する。それを踏まえて、各回の授業計画、授業用のパワーポイントスライド、配布資料、ワークシート、ふり返りシートなどを準備する。

2.6　評価の方法
評価の方法については、初回の打ち合わせにおいて(4)授業のねらいや目標の明確化とともにおおまかな方針を決定する。さらに(5)学習内容や手法の検討とともに、具体的な評価方法やルーブリックの項目などを決定する。ルーブリックとは、学習到達状況を評価するための評価基準表のことである。レポートやプレゼンテーションのルーブリックを作成し教員間で共有することで、できるだけぶれのない評価をめざす。また学生と共有すること

で、学生自身が課題の到達目標や自身の現状を明確にすることが可能となる（第2部4章表2参照）。

2.7　ふり返り

　授業実施の後（各回の終了後や15回の終了後）、授業の状況や提出物、学生のふり返りシートやアンケート結果をもとに、大学の教員とともにふり返りを行い、授業改善につなげていく。授業設計・実施・ふり返り・改善という、いわゆるPDCAサイクル（plan-do-check-action）をまわしていくのである。

　以上7つのポイントを簡単にまとめてみたが、外部講師として授業設計や実施に関わる場合、これらのポイントを明確化し、共有化していくことが不可欠であった。これらのポイントの明確化や共有化なくして、大学教員との協働による授業設計はありえないと言っても過言ではない。そして、このことは大学内部で行われる授業設計においても同じなのではないだろうか。

　学内の教員による通常の授業設計では暗黙の前提としてこれらのポイントが、意識化・共有化されない場合も多い。しかし、さまざまな専門分野を持つ複数の教員によって担当されることの多い「日本語リテラシー」科目の特質を考えると、これらのポイントを明確化し共有化していくことこそが、科目の位置づけや学生状況に即したより教育効果の高い授業設計とその実施や教育の質の保証につながるものと思われる。

　以下、授業設計のポイントを踏まえつつ、2つの事例を紹介したい。

3　事例1　能動的な学びを通して、基本的な日本語リテラシーを育成する

3.1　概要と背景

　この事例は、ある単科大学の初年次の「日本語表現法」という選択科目である。「大学でのレポート作成につながる、客観的・論理的な文章表現の方

法を身につけさせたい」という依頼のもとに、大学との協働設計が始まった。前期2単位、2クラス(1クラス20〜30名)、15週の開講である。

大学としては、当初「文章作法の講義＋添削指導」といった構成の授業を想定していたが、われわれは、文章作成のプロセスを体験的に学ぶことによって、①能動的な学びへの転換と、②大学での学びやレポート作成に不可欠な論理的な日本語表現力＝思考力を獲得することを目指したワークショップ型のプログラムを提案した。表1がその15コマのデザインである。

本プログラムは、前半が「読むこと」の実践、後半が「書くこと」の実践と大きく2つのユニットに分かれている。しかし、前半・後半を通して扱うテーマは「働くこと」として一貫させた。そしてこれが最終レポートの共通テーマとなる。

大学教員との事前協議の中で、学期末にいきなり課される「〇〇について論ぜよ」というレポートの形式に戸惑う学生の姿が浮かび上がってきた。「何を、どう」書いてよいか分からず、その結果、〇〇に関するテキストをそのままコピペしたようなレポートが後を絶たないと言う。

考えてみれば、高校時代「小論文」などで客観的・論理的に自分の考えを述べるライティングの訓練を受けてきた学生は限られている(この大学では「小論文」は受験科目として課されていない。また「現代文」も必須ではない)。

さらに受験科目としての「小論文」では自ら資料を探したり参照したりすることなく、その場で読む課題文や自分自身の既有の知識や経験知をもとに書くことが多い。つまり彼らは、ある与えられたテーマに関して、自ら資料を探して読み、個人テーマを設定し、構想を練り、書くといった訓練はほとんど受けていないのである。確かにかつての大学生の多くもそのような訓練を受けてはいなかったが、モデルとなる文章を探し読み、見よう見まねでレポートを書いた。しかし、大学のユニバーサル化が進み新聞すら読まない大学生も多い中、彼らにいきなりそれを求めることは難しい。

1章　大学の教育目標に即して授業を作る　39

表1　授業の内容

回	学習項目	活動内容
1	オリエンテーション プレイスメントテスト	授業のねらい・目標を理解する
2	他者紹介・聴きとり要約	メモをとり、まとめ、発表する
3	文章読解①（事実と意見を分ける）	マップ化→構造図を書く
4	文章読解②（構造を意識する）	マップ化→構造図を書く
5	文章読解③ （客観的読解から批判的読解へ）	マップ化→要約文を書く→自分の意見を述べる
6	ブックレビュー	書評作成→グループ内発表→相互評価
7	これまでのふり返り 中間テスト（文章要約）	ふり返りシートの記入→グループで共有
8	課題の発見と整理	ブレーンストーミング→マップ化
9	課題の発見と整理	ブレーンストーミング→マップ化
10	レポートとは・個人テーマ設定	問いと答えの洗い出し→テーマ設定
11	アウトライン作成	アウトラインの作成→ピアレビュー
12	中間報告会	プレゼンテーション→質疑応答
13	アウトラインの修正	アウトラインの修正→ピアレビュー
14	日本語表現・引用などの留意点	文章化へ
15	全体のふり返り	ふり返りシートの記入→共有

　そのような状況を踏まえて、前半では、共通テーマ「働くこと」につながる資料（新聞記事、白書、雑誌論文、新書など）を「読むこと」に重点を置いた。テーマに関する視野を広げ、理解を深め「アウトプット」の質を高めること、同時に客観的・論理的に書かれた文章を読みその構造を理解することを通して、求められる文章をイメージし構成を意識した文章表現につなげることを意図したのである。

後半では、「大学生で求められるレポートはどのようなものか」を踏まえ、文章作成のプロセス＝思考のプロセスであることを意識化させ「書くこと」に重点を置いた。最終レポートでは、共通テーマにそって個人テーマを設定し、2,000〜3,000字のレポートを作成することを目標とした。

なお「働くこと」という共通テーマは、担当の大学教員との協議によって決定したものであり、「読む」教材についても専門の学びにつながる素材を選択・提供いただいた。

3.2　活動内容の紹介

ここでは、初回と2回目の授業について紹介したい。初回の授業では「授業の目的」「到達目標」「評価方法」とともに、「授業の進め方」「ルール」を明確に伝える。本授業のようにグループワークを取り入れたアクティブラーニング型の授業においてはこれらの「目的」「目標」「ルール」などを伝えることが特に重要である。たとえばこの授業で提示したルールは、以下の3つである。

①よく話すこと、よく聴くこと
②メモをとること
③グループで協力して、最善策を追究すること

アクティブラーニング型の授業に慣れていない学生も多い。そもそもコミュニケーションを苦手とする学生もいる。「目的」や「目標」、「ルール」を共有することは、そのような学生たちが主体的な学習者となるための第一歩であると考える。

2回目の授業では、「他者紹介」と「聴きとり要約」を行う。「他者紹介」は、ペアになってお互いを取材し、その内容をまとめ、グループのメンバーに自分の取材した相手を紹介するゲームであり、アイスブレーク的な意味を持つ活動である。学生は大いにもりあがるが、最後に「情報を集め→情報を整理し→伝達内容を決定し→組み立てを考え→表現する」というプロセスを踏んでいたことを確認し、表現に至るプロセスを意識化させるきっかけとし

ても使っている。

　「聴きとり要約」では、10分程度の特集番組などのVTRを視聴し、メモをもとにVTRの内容を報告する1,000字程度の文章を書いてもらう。メモが不十分だと紹介文を書くことはできない。学生の状況を見ながら再視聴させたり、グループで共有し合ったりする。文章化にあたっては、「このVTRを見たことがない人にその内容が分かるように書く」ということだけを伝える。それぞれが書いた文章はグループで共有化して、「誰の、どのような点が分かりやすかったか」という観点でコメントし合う。

　最初に「聴きとり要約」を行う意図は2つある。1つはテーマに対する動機づけである。文章から入るよりも視聴覚教材を使う方が、学生の興味・関心をひきやすい。そして、もう1つはやはり文章作成のプロセスを意識化させることにある。学生にいきなり文章の要約をさせると、多くは課題文を切り取ってつなげるだけになってしまう。そこにはなんの脈絡もないことも少なくない。その点「聴きとり要約」は、自分で集めたメモをもとに、テーマに基づいて情報を整理し、組み立て、表現するプロセスを体験的に学ぶことができるのである。

　毎回授業の最後には「ふり返りシート」に印象に残った学習活動とそこから感じ考えたことや実践したいことを書いてもらい、知識や気づきの定着を図る。ふり返りシートは回収し、学生の状況を把握し、適宜コメントを付し、翌週に返却する。学生は配布された教材とともに学習の記録としてファイルに保管する。以下は第2回の授業の「ふり返りシート」の抜粋である。

・初対面の人と話をするのがすごい苦手なのだが、明確なテーマを持って話をしたので、それなりに話をすることができた。最初にグループワークが多いと聞いて不安だったが、何とかやっていけそうな気になった。
・日頃あまり話さない人と意見を交換することが新鮮で、相手の意見を通して初めて気づかされることが多くあった。この授業を通していろいろな人と意見を交わし、積極的に行動したい。
・私は相手に聞いたことだけを紹介したが、自分が相手と会話して感じた

ことなども紹介している人がいて、なるほどと思った。
- 紹介・発表をするときは正確な情報が必要で、情報が多い方がよいということが、グループワークを通して分かった。情報が少ないと主観的な考えばかりになってしまい信頼性に欠けてしまう。
- 今日の授業では、情報収集が主なテーマだと思っていたけれど、実際にやってみるとそれ以上に、情報の整理やその表現のしかたが大事なんだということを考えた。

　これらのコメントは、その一部を次回の授業の冒頭に配布し共有する。互いのふり返りがさらなる「気づき」を生むことにつながるからである。

3.3　実施から見えてきたこと

　本授業の最終回のふり返りでは、「どのようにしたらよいレポートなのか、レポートはどのようにまとめるかなど、すべてにおいて未知で、全然分かっていなかったので、今回の授業を通して学ぶことができてよかった」など、レポート作成のプロセスを学ぶことができてよかった、今後のレポート作成に活かしたいという声が多かった。

　また、グループワークに関しては、聞き手や読み手を意識するようになったこと、思いもよらない多角的な視点を得られて刺激を受けたこと、グループメンバーからのコメントがよかったといった感想が多く語られた。また初回から順に「ふり返りシート」を見ていくと、グループワークに抵抗を示していた学生の変化(成長)も見てとれる。改めて能動的な学びへの転換のために、また「日本語リテラシー」の育成のために、他者との対話が不可欠であることを再確認できた。最終課題のレポートは、ルーブリックに基づいて評価し、コメントを添えて返却したが、これもまさに教員と学生との「対話」だと考えている。

　大学との「協働」という観点から言えば、担当の大学教員は、実施段階でも毎回の授業に参加し、終了後はランチミーティングを行い、ともに授業のふり返りを行った。グループワークのプロセスやコンテンツ、学生のふり返

りシートなどを共有し、教材の与え方や問いの出し方などについて議論した。このプログラムの初年の設計・実施は、われわれのプロジェクトの立ち上げ直後であった。手探りの状況の中で、教材・ワークシート、ルーブリックなど、学生の状況に即して、毎回・毎年改善を重ねていくことができた。何よりも大学教員の切実な思いを肌で感じることができた。河合塾の「日本語リテラシー」育成や「ジェネリックスキル」育成の原点となったプログラムであり、担当の大学教員には心から感謝している。

4 事例2 問題解決のプロセスに即して、思考し表現する

4.1 概要と背景

この事例は、ある大学の経営学部で、キャリア教育科目「キャリアデザインⅠ」で実施したプログラムであり、1年前期2単位の必修科目である。1クラス約120名の2クラスで開講された。

河合塾では、近年大学教育においてその育成が期待されている専攻・専門にかかわらず社会で求められる汎用的な能力・態度・志向を、「ジェネリックスキル」(**表2**)と呼び、「知識を活用して問題解決する力(リテラシー)」と「経験を積むことで身についた行動特性(コンピテンシー)」の観点で、育成プログラムやアセスメント(「PROGテスト」)の開発を行っている。本授業はそのような背後のもとに受託したものである。

表2 ジェネリックスキルの構成要素

リテラシー		情報収集力／情報分析力／課題発見力／構想力／表現力／実行力
コンピテンシー	対人基礎力	親和力／協働力／統率力
	対自己基礎力	感情制御力／自信創出力／行動持続力
	対課題基礎力	課題発見力／計画立案力／実践力

このプログラムは、以下の2点をねらいとしている。
① 「リテラシー(知識を活用して問題を解決する力)」を強化する
② 大学で何を学ぶかについて意識化する

15回を通して問題解決のプロセスに不可欠な6つの力(情報収集力・情報分析力・課題発見力・構想力・表現力・実行力)を意識化・強化することが

表3 授業の内容

回	学習項目	活動内容	自宅課題
1	オリエンテーション 「PROGテスト」	授業のねらい、目標を理解する ジェネリックスキル診断	
2	大学で何を学ぶか	リソースの洗い出し→共有	
3	問題解決のプロセス	問題解決のプロセスで考える	
4	情報収集	適切な情報収集の方法を知る	情報検索
5	情報分析①(文章読解)	構造を整理してまとめる→要約する	要約文作成
6	情報分析② (グラフの読み取り)	客観的な読み取りと考察 複数のグラフの読み取り	
7	情報分析③(批判的読解)	疑問の提示や反論の構築	批判的読解
8	「PROGテスト」解説	自己・他者・客観評価を踏まえた、 課題発見・目標設定・行動計画	
9	課題発見	フレームワークで考える	
10	構想(解決策を考える)	ブレーンストーミング→マップ化	
11	表現(話す)	解決策の報告とシェア	
12	表現(レポート作成①)	テーマ設定→自己分析	
13	表現(レポート作成②)	アウトライン作成→ピアレビュー	アウトラインの修正
14	表現(レポート作成③)	表現・表記の留意点	レポート作成
15	アチーブメントテスト 全体のふり返り	ふり返りシートの記入→共有	

ねらいである。ここで育成される「日本語リテラシー」とは、大学での学びの土台となる課題発見から問題解決という思考のプロセスを経て表現する力であり、自分の活動をふり返り、言語化することのできる力のことである。

　また、キャリアデザイン科目という点を踏まえて、各回の課題や素材については、社会に対する問題意識を喚起する「対課題的」なものと自分と向き合う「対自己的」なものを織り交ぜ、最終レポートの課題は「大学で何を学ぶか」とした。**表3**は、その15コマのデザインである。9～11回、12～14回はユニット化され、共通のテーマで実施する。

4.2　活動内容の紹介

　われわれのプログラムでは、各回（1コマ）の授業は、講義＋例題（個人ワーク）＋演習（グループワーク）＋まとめ（講義）＋ふり返り（ふり返りシートの記入）といった流れで構成されている（第2部3章表2参照）。

　ここでは、第6回の授業について紹介したい。第6回「情報分析②（グラフの読み取り）」では、①グラフを適切に読み取り言語化すること、②複数のグラフから読み取れる課題を発見し、言語化することを学ぶ。

　まず簡単なグラフの読み取りをやってもらい、その後、グラフの特性や客観的読み取りと考察との区別などについて「講義」を行う。その上で、改めて自身のこれまでのグラフの読み方をふり返ってもらうと、多くの学生が、客観的な読み取りを言語化せず、まるで「誰が見てもそう読める」と言わんばかりに考察のみを言語化していたことに気づく。グラフの読み取りを通して、まず、他者に伝えるということはどういうことか、論理的に伝えるとはどういうことかに「気づく」のである。

　次に「例題」で講義で得た知識や理解を確認した後、「演習」では、「日本の女性の労働」をめぐる複数のグラフから「日本の女性の労働をめぐる課題」を考察する。その際、まず個人ワーク、次にそれを持ちよってグループで検討する。まず個人ワークで自分の考えを持つことが後のグループワークを活性化させる。学生はグループで検討することによって、自身の読み取り

の誤りや甘さに気づいたり、一人では気づかない多様な視点を獲得したりする。120名のクラスではなかなか難しい場合もあるが、20〜40名のクラスであれば、それぞれのグループワークの成果を発表させる。

　まとめの「講義」では、学生の発表を受けて、考察の例をいくつか示すとともに、今日の各自の学びを「活かす」ことを強調する。最後に今日の学習活動の「ふり返り」を行う。以下は学生の「ふり返りシート」からの抜粋である。

- 今日のように、読み取り→考察に移ることで、よりデータに対してしっかり向き合って考えることができたと思う。
- 客観的にグラフを読み取ることができなくて悔しかった。自分で『当たり前のことだから』と決めていて一番大切なことを書くことができなかった。『客観的』『文章化』ということをもっと力をつけたい。
- ひとつのグラフの読み取りでも、人によって観点が違うということを改めて実感した。要は答えはひとつではないということ。またグラフの読み取りにも背景知識が必要なことを痛感した。
- 複数のグラフを組み合わせることで、いろいろな方向からものを考えられるということがよく分かった。でも、深い考察をするにはもっと知識が必要。
- 表やグラフを読み取り、要因を自分のことばでまとめることによってストーリーが生まれる。それがレポートになるのではと、今回のワークを通して感じることができた。

　この時点では、学生にレポート作成を意識させているわけではないが、大学で求められているレポートとは何か、レポートをコピペに終わらせないためにはどうすればよいかについてのヒントを学生自身がつかみつつあった。

4.3　実施から見えてきたこと

　本授業の最終回のふり返りからは、「普段の授業でうけているように外から一方的に教えられるのとは違い、自分から能動的に活動するという授業

は新鮮だった」「グループワークを通して、自分の中の強みや課題を実感できるようになった」など、グループワークで、「対課題型」・「対自己型」の問題解決演習に取り組み言語化していくことによって、問題解決のプロセスやスキルを意識化するとともに、自己理解や他者理解を深化させていくことができた様子がうかがえた。ジェネリックスキルの獲得とともに、大学生活でいかに自己を成長させるかを意識し主体的な学習者へ転換できるかが、この授業(初年次キャリア教育科目)の重要なねらいでもあるが、学生のふり返りシートの多くからそのような意識の変化がうかがえた。講座終了時のアンケートの結果では、90パーセント近い学生が、本授業は「役に立った」と答えている。

　一方で、120名でのアクティブラーニングの実施という点ではいくつかの課題も見えてきた。「何回もグループワークをすることによって、人とのコミュニケーションのとり方を学んでいくことができる。自分の成長を実感することができた」「グループで意見を共有・ディスカッションすることで、多面的な物事の考え方を知れて非常によかった。今後も自分の意見がすべてではないということを意識して、物事を考えていきたい」といったコメントの一方で、「議論が中途半端に終わってしまうのが残念。シェアではなくて、もっと議論をしたい」といったコメントや「相手による。役に立つというのは分かるが、毎回初対面のメンバーと意見交換するのはつらかった」といったコメントもあった。

　20～40名のクラスであれば、教員はファシリテーターとしてグループワークの状況を見守り適宜対応することも可能だが、120名の大人数では充分な観察・対応ができない点は否めない。また階段教室での実施だったため、毎回前後の4人でグループをつくり(毎回教室の入り口で座席番号の入ったくじをひいてもらっていた)、前列の2人が後ろを向く形でグループワークを行っていたが、グループワークでやれることにも限りがあった。与えられた条件の中でできる限り工夫をして、やれることをやるというスタンスで臨んだが、さらなる改善の余地はあると思われた。

大学との「協働」という観点では、担当の大学教員とは事前協議の後、実施期間中は毎回の学生のふり返りシートを共有した。また全授業終了後には、学生の出席や提出課題、レポート評価、アンケート結果などの集計をもとにふり返りを行った。学生の変化とともに気になる学生について（2 クラス 250 名近い学生であるが、毎回のふり返りシートから気になる学生も見えてくる）の対応や、この授業でやる気に火のついた学生たちをさらにどう活性化させていくか、後期や 2 年時にどうつなげていくかについて意見交換を行った。

　われわれの 2 年間の実施を経て、現在この授業は 1 クラス 20 〜 30 名で、大学の教員によって実施されており、よりよい形で大学教員にひきつがれたことを嬉しく思う。われわれは引き続き教材の提供や FD 研修の実施という形で関わっているが、今後、より学生の実情に即した授業や教材へと改善されていくことを期待したい。

5　まとめ

　以上、冒頭で述べた授業設計のための 7 つのポイントを踏まえつつ、2 つの事例を紹介してきた。同様のプログラムはほかの大学でも実施しているが、その設計や実施方法は、それぞれに異なる。

　たとえば、事例 2 の「リテラシー（知識を活用して問題を解決する力）」を強化するプログラムは、スタディスキル獲得やレポート作成能力の強化をメインとするほかの大学では、最後のレポートのテーマを「買い物弱者」とし、情報分析（資料の読み取り）→課題発見（テーマ設定）→構想（アウトラインの作成）・表現（文章化）という問題解決のプロセスに即した「対課題型」のレポートを課している。「授業の位置づけ」によって「学習内容」が変わる例である。

　また、同じ教員が同じように実施しても、ある大学では深まった学習活動が別の大学ではそれほど深まらないという場合がある。それはまさに「対

象」と「学習内容」あるいは「手法」が適合していないということである。学生が夢中になって取り組む課題とは、当学生にとって「ちょっと難しい課題」だと言われる。ちょっと難しい課題だからこそやりがいもわくし、仲間と協力もするのである。テーマや資料の質や量とともに、その与え方や問いの出し方(ステップの切り方)など、まさに学生状況や目標に応じた設定を工夫する必要がある。

　このように、授業設計において、冒頭に述べた7つのポイント(1)授業の位置づけ、(2)学生のレディネス、(3)学習環境を踏まえた上で、適切な(4)学習目標、(5)学習内容や手法、(6)評価方法を選択し、折にふれて(7)ふり返りを行うことは極めて重要である。それによって、教育の効果が大きく変わってくるのである。

　この原稿の執筆を機に、10年余りの「日本語リテラシー」育成の授業設計に関わる大学と河合塾との「協働」の取り組みをふり返ることができた。そして「協働」とは、大学と河合塾との「協働」であったとともに、河合塾内部での教員・職員の「協働」でもあったと改めて思う。「大学で日本語表現を教えるとはどういうことか」といった議論に始まり、「講義型」の授業から文章作成のプロセスに即してグループワークを取り入れた授業への転換を図ってきた。授業の質や評価の公平性を保つために、授業のコンセプトを共有し、シラバス・教材とともに、毎回の授業案やパワーポイントスライド、ルーブリックを作成し共有した。授業後はふり返りをもとに授業や教材の改善を行った。また互いが互いのティーチング・アシスタント(TA)をしたり、互いの授業を見学したりして、その内容についてフィードバックし合った。授業設計も教材作成も授業運営もまさに、その過程の自由な議論と同僚性のもとに進化してきたように思う。

　これは、本書第2部5章の九州国際大学の事例などにも見られるように、大学での現場でも同じではないだろうか。さまざまな専門性を持つ複数の担当教員がそれぞれの個性を活かしつつ、目標や学習内容や教育手法をすり合わせ、より効果的な授業を設計・実施していくための「協働」、さらには初

年次の「日本語リテラシー」科目を土台としながら、学士課程全体のカリキュラムの中で学生の「日本語リテラシー」を養成していくための「協働」が、今求められている。

2章　アイデアの「拡散・収束」と「読む・聞く・書く・話す」をつなげる
京都文教大学の事例

中村　博幸

この事例の特徴

実践例	重点目標	教育観	課題領域	プロセス	ユニット	協働	FD等
2章 京都文教大学	I	教えるから気づき合うへ	対自己 対課題	一部にあり	3〜4週単位	グループワーク	ボトムアップ

　京都文教大学は1996年開学の文系小規模大学である。カリキュラムは完成年度、新学科開設、学科改組などの機会に改正されてきた。「初年次演習」についても、教養演習を選択にした上で、2004年から転換教育・導入教育の科目として開設（1年前期必修）された。"大学で学ぶとは"を柱として、オリジナリティ・研究のプロセス（仮説→考察）を知るなど、高校生から大学生への転換を目的としている。

　一方、文章表現についても、文章力の低下に伴う指導を、文章にウェイトをおいたリメディアル的な指導としてアウトソーシングするのではなく、表現にウェイトを置き、自己表現の要素のひとつとして捉える方向でカリキュラムを編成してきた。そこで、京都文教大学における文章表現指導の考え方と変化を、「初年次演習」科目を中心に紹介したい。

1 初年次演習と文章表現指導の組み立て

1.1 文章表現の捉え方

文章表現には、**表1**のように3つのレベル(段階)があり、Ⅰ→Ⅲの順に基礎→応用となると考えられる。Ⅰは原稿用紙の使い方から始まって、誤字誤用・接続詞の用い方など、いわゆる添削指導(赤ペン先生)の段階である。Ⅱは日本語として分かりやすく伝わりやすい文章の表現である。メールや私信はここに含まれる。Ⅲは分野ごとに要求の違う文章表現ができる段階である。エントリーシートなどの定型文書、一意性・論理性が要求されるレポート・論文、多意性・感性が要求される文とでは指導法や指導者が異なるべきであろう。

表1 文章表現のレベル

Ⅰ. 文章形式	文法・書式、語彙
Ⅱ. 伝達・理解	国語表現、日本語表現
Ⅲ. 目的分野別	定型文、レポート、散文、ビジネス文書

「初年次演習」では、大学における文章表現の入門として、Ⅱを中心に指導を行う。

1.2 理解と表現

思考過程における理解と表現を**図1**のように捉える。外在化とは、文章であったり、話されることばであったり、思考がひとまとまりの記号として表現されているものである。以下に理解と表現の各々を具体的に説明する。

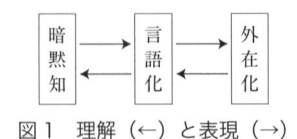

図1 理解(←)と表現(→)

(1) 理解

論文・文学などの文章や講演・授業などで話されたことばを、受け手は自分のことばとして組み換える。このプロセスは、縮約→要約のように細分化できる。たとえば、長文を縮約した段階では原文と縮約文の対応は確認可能であるが、要約になると原文との対応が明確でなくなる。

さらに自分のことばとして反芻された内容は、無意識の暗黙知の中にイメージとして合体されていく。

(2) 表現

アイデアは暗黙知の中から言語化されてくる。しかしこの段階では、単語（キーワード）であったり、イメージ的なテーマでしかない。他者には意味不明の内容である。これを他者に伝えるプロセスが、（文章）表現である。オーラル（話しことば）の場合も、意見を述べる・講演をするなどは同様である。

(3) 理解と表現

上に述べたように、理解・表現とも、暗黙知との関わりが重要である。しかし、暗黙知・言語化のプロセスはアウトプットが難しく、他者からの理解も困難である。そこで理解と表現のプロセスを経ないで、場を繕うことが可能であり、それが丸暗記であったり、レポート作成の際のコピペであったりする。また、外在化の段階で終わるのが、受動的学習であるとも言える（図2）。

このことを踏まえ、また学習者自身が"理解と表現"のプロセスを理解するためにも、"理解"の指導を先に行うのが望ましいと考える。

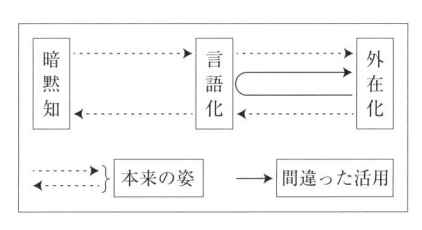

図2　正しくない理解と表現

1.3 文章表現のプロセス

図1の暗黙知は、リテラシーやコンピテンシーの原動力であり、そのための"理解"が重要であることは言うまでもない。一方、暗黙知→言語化のプロセスは、"表現"にとって非常に重要である。研究者や指導者はこのプロセスを何らかの形で修得し、仮説・テーマを言語化できるが、大学生（特に初年次生）にはこのプロセスがうまく行かない。

そこでこのプロセスを思考（アイデア）の拡散と収束に分けて指導する。その上で、表1のステップⅡ伝達・理解に進めることとした。

(1) 思考（アイデア）の拡散

考え方：オリジナルなアイデアを出すには、まず多角的にさまざまな視点から、先入観や既成概念に捉われない発想が重要である。しかし、高校までの、スタンダード化された知識を受動的なスタイルで学ぶ学習から、オリジナルなアイデアを出し、しかも拡散させる学習への転換はなかなか困難である。そこで、文書表現の学習の前に、思考（アイデア）の拡散の練習を行い、頭を柔軟にする。

方法：拡散思考の方法はさまざまであるが、ルールも簡単であり、さほど訓練も必要とせず、特別なツールも必要でないということで、ブレーンストーミングを採用した。

(2) 思考（アイデア）の収束

考え方：暗黙知から拡散して言語化した思考（アイデア）は、さらに収束させることにより具体的なテーマとなる。そこでは、断片的なキーワードやイメージをメタ化・抽象化し、つなぎ合わせて具体的なテーマにする。ここでは包括的な抽象化が必要であり、文章表現の骨子やレイアウトを作成するにも重要な要素である。

方法：アイデアの収束の方法もさまざまであるが、ここではKJ法（文化人類学者の川喜田二郎が考案した創造性開発の技法）を採用することとした。しかも授業時間の関係から、収束のステップの途中で中断できるツリー構造のKJ法のみを行うこととした。したがって包含関係や遷移関係などに

ついては、カリキュラムに含めていない。
(3) 拡散と収束をつなぐ
　思考（アイデア）の拡散と収束を別々のユニットとして学習するが、2つをつないでセットとすることにより、暗黙知から言語化のプロセスを完成させることができる。表現の中で一番困難な「知の外在化」の部分については、初年次演習では、まずこのプロセスの基本を学習することに留めた。

1.4　読む・聞く・書く・話す
　初年次演習では、文章表現だけでなく、オーラル表現も視野に入れた。"理解"と"表現"との関係を**表2**に示す。

表2　読む・聞く・書く・話す

	文章	オーラル
理解	読む	聞く
表現	書く	話す

　「理解と表現」の軸を主にするか、「文章・オーラル」の軸を主にするかで、カリキュラムの展開が違ってくる。また講演を聞き要旨をまとめる、長文を読み議論をするなど、さまざまな組み合わせも可能である。

2　「初年次演習」のカリキュラムの変化

2.1　導入期のカリキュラム
　"大学の学びを知る"基礎演習には2つの大きな要素がある。
　①研究のプロセスを知る
　仮説→研究計画→実証→分析・考察→まとめ→プレゼンテーションの流れを知る。
　②必要な研究スキルの習得

初年次演習では、②を前期に、①を後期に学ぶことが望ましいが、半期2単位しか開講できない場合は、①と②のどちらかを優先する必要がある。他大学での先行開講例などを踏まえ、京都文教大学では②を優先にし、しかもプレゼンテーションの技法や情報収集の技法は割愛した。

しかしそのカリキュラム(**表3**)でも、消化不足となり、取り上げるスキルをさらに精選することとなった。

表3　初期のカリキュラム（2004年）

1	オリエンテーション
2～4	アイデアの拡散(ブレーンストーミング)
5	資料、参照書リスト
6～8	アイデアの収束(KJ法)
9～10	レポート
11～12	討論
13	資料の作成(A4レジメ)
14	まとめ

2.2　カリキュラムの変化
(1)　シラバスのユニットの組み合わせの変化

表3のカリキュラムの後半を改訂した(**表4**)。"表現"を中心としたカリキュラムを改め、文章(読む・書く)、オーラル(聞く・話す)を中心に据えて、さらに学習目標を、"理解と表現"(**図1**)の初歩の学習に転換した。

表4　再編カリキュラム（2007年）

2～4	アイデアの拡散 (ブレーンストーミング)
5～7	アイデアの収束(KJ法)
8～10	読む・書く 文章の要約、対立文と主張
11～13	聞く・話す 討論意見・主張を聞き発言する

(2) "表現"から"理解"へのシフト

　基礎的な学習の中で"表現"もオリジナリティの部分のウェイトが低下した。また2つの教材を中心に授業展開を行った。

○レポートから、要約・縮約への変化

　研究レポートの技法はなくし、教材を使った文章表現に変更した。テキスト：大野晋『日本語練習帳』(岩波書店)。

ステップ①　「Ⅳ文章の骨格」を読んでレポートにまとめる。
　　　　　　第Ⅳ章は、文章の縮約と要約の違いについて述べており、レポートを書くことにより、縮約と要約の違いを学ぶ。
ステップ②　講演を聞き、内容について、その縮約と要約を文章化する。

○討論からディベートへの変化

　対立文を中心に資料を集め、討論し、文章化して発表する。

ステップ①　対立意見(例：夫婦別姓)の新聞を配布する。(関連資料も同時に配布)
ステップ②　対立意見の要点をまとめる(メモ作成)
ステップ③　自分で集めた資料を加えてミニディベートを行う。
ステップ④　ステップ②・③を踏まえてレポートにまとめる。
ステップ⑤　レポートをもとに発表を行う。

(3) アイデアの拡散と収束はシラバスの最初に

　前述のように、「読む・書く・聞く・話す」は、かなり基礎的な内容に変化したが、アイデアの拡散・収束活動は、常にカリキュラムの最初の段階に置き、内容を変化させなかった。

　アイデアの拡散(ブレーンストーミング)は、自由な発想で発言することが学生にとって新鮮な学びになるとともに、アイスブレイクとして仲間づくりに役立つ結果となった。

　アイデアの収束(KJ法)は、抽象化した見出しをつけることが、導入教育として役立つとともに、同じ素材を使ってもグループによって全く違った階層構造ができることに学生が気づき、既成概念に捉われない学習にもつな

がった。

3 初年次演習の運営方式の特色

3.1 シラバスのユニット方式

　初年次演習の概要・学習目標が決定されると、それをどのようにユニット化するかによりシラバスが決定される。各ユニットはその内容や成績評価もユニットごとに完結する。その上で、一部教材だけがユニットで使用される。ユニット方式は重要なカリキュラム構成である。

3.2 統一シラバス・統一指導・統一評価

　複数の担当教員により複数クラスで開講される演習では、担当者の教育観・経験度・指導技術などがバラバラのままスタートすることが、クラス間のバラツキ、ひいては演習そのものの崩壊につながることがままある。そこで初年次演習では、統一シラバス、統一指導、統一評価を行った。

○統一シラバス、統一指導

　複数同時開講されるクラスでは、統一詳細シラバス(指導案)に基づく指導が行われる。したがって休講時には合併クラスによる代講が行われ、クラス間のバラつきは極力さけることにした。

○統一評価

　評価の視点や配点は統一されている。そのために評価項目は細分化され、ひとつの課題の成績のウェイトが重くならないようにした。このことにより、担当者が評価項目ごとに5点満点程度で採点が行える。小項目の累加により、学生間の成績の分布(バラツキ)が小さくなるが、初年次演習の学習目的は、優良可をつけることではなく、全項目の活動に参加し・課題を提出すれば「優」がつく(通過できる)と考えるべきである。

2章 アイデアの「拡散・収束」と「読む・聞く・書く・話す」をつなげる 59

4 「初年次演習」科目の定着から次のステップへ

4.1 授業担当者の課題

(1) 授業運営

開講前、終講後に担当者打ち合わせを開催すると同時に、毎週各回の授業打ち合わせを行った。また統一内容の授業展開をするために詳細シラバス(指導案)を作成した(図3)。

9回目―第3ユニット「読む・書く」〔2／3回〕　　(2)実習　文章を比較・評価する場所：クラス教室
〈授業内容〉
1. はじめに 　(1) 宿題の要約文を持ってきたかを確認する 　　・宿題を忘れたものは、プリントを読ませて要約文を書かせる(原稿用紙3枚程度) 　(2) 要約文の比較・評価は班単位の活動であることを伝え、アウトラインを説明する 2. 要約文の相互評価 　(1)「評価カード」(別紙)を配布する(班員の人数マイナス1枚を各自に配布する) 　(2) 評価カードの内容についてコメントをする 　　・一人当たりの評価時間は約10分である(教員がタイムキーパー) 　　・自分の要約文は評価しないこと 　　・評価カードは次回以降本人に返却する(他人の評価を知る) 　　・公正に評価する(後で、教員も評価を行うこと) 　(3) 各自が持参した宿題の要約文を班員に渡し、相互評価を開始する 　　・10分経過すれば、途中でも終了して、要約文を次の人に渡す(評価用紙は手元に残す) 　　・要約文のみを次々と渡して評価する 　(4) 班全員の要約文の評価をまとめる 　　　終了したら、評価用紙をまとめて、提出する
〈次回予定等〉
①次回教室案内　→　クラス教室 ②対立文と自分の考え
〈準備物〉
①出席(コメント)カード ②評価カード　　一人につき班人数マイナス1枚ずつ ③原稿用紙(要約文を忘れた者用) ＊評価　要約文10点(個人点)、相互評価点5点(班単位、自己の要約文を持参しない者は参加させない) ＊要約文と評価カードは、採点後(次回以降)本人に返却する 　評価カードは、下の評価者氏名欄を切り取って返却する

図3　詳細シラバスの例

(2) 担当者の属性

初年次演習開講当初は、全学出動体制に近く、大学授業経験者がほとんどであったため、「初年次演習」の内容の理解が打ち合わせの中心であった。しかし、その後はコーディネーター教員（共通教育担当者）以外は徐々に専門教育担当の新人が配置されるようになってきた。新人教員には大学教育の経験が皆無の者も多い。そこで、指導法については、OJT でコーディネーター教員がサポートし、さらにスチューデント・アシスタント (SA) がこれら新人への授業運営のアドバイスも行うようになった。また開講当初より各ユニットの初回は大教室でレクチャー（ユニットの説明）を行うが、これは受講学生へのオリエンテーションであると同時に、担当教員へのオリエンテーションという FD 的な意味合いを含めていった。

4.2 「初年次演習」科目の発展

開講から 10 年近く経過し、本学のカリキュラムの中に「初年次演習」が定着するに従い、次のステップに進めていった。

(1) 授業運営の自由度の増加

統一シラバス、統一評価は変化させないが、指導部分については統一度をゆるくしていった。週 1 回の担当者会をなくし、詳細シラバスも徐々にガイドラインとしての提示に変えていった。それは、「初年次演習」が継続するにつれ、授業についての合意が担当者間や学内に形成されたからである。

(2) 各学科の「初年次演習」

担当教員が専門科目担当教員に変化するにつれ、学科ごとの初年次演習の内容に特化し、シラバスも徐々に変化していった（表 5）。

表 5　各学科の初年次演習のキーワード

文化人類学科	フィールドワーク
臨床心理学科	心理学への橋渡し
現代社会学科	調査法の基礎

5 書く技法の導入

5.1 初年次演習の発展型

「初年次演習」は京都文教大学における唯一の初年次教育科目としてスタートしたために、文章表現ばかりでなく、接続教育・転換教育・導入教育などの要素も含まれていた。しかし、学内で初年次教育の必要性が理解されるにつれ、転換教育は専門基礎ゼミで、接続教育は入学前教育へとシフトが行われていった。

さらに次に述べる「書く技法」の導入により、初年次演習は「聞く・話す」プラス学科特色へと特化していくこととなった。

5.2 「書く技法」の独立

その後、学生の学力の多様化による書く力の低下から、「読む・書く」に重点を置いた「書く技法」が開講される。

「書く技法」はリメディアル教育の要素も加え、1年生前期に開講されるとともに、学習支援室による課外サポートも行われている。

表6 「書く技法」の到達目標（抜粋）

書く技法Ⅰ（必修） 　レポートやエントリーシートなどの文章の作成に応用可能な文章表現の基礎力 書く技法Ⅱ（選択） 　大学の知的作業を主体的に進める為の知識の吸収、思考の深化に役立つレポート作成の手順を学ぶ

6 おわりに

アイデアの拡散・収束と「読む・聞く・書く・話す」からスタートした、京都文教大学の文章表現も、"書く力のリテラシー"を中心とする内容に変

化していった。いわば、**表1**のⅡ「伝達・理解」からⅠ「文章形式」へのシフトであった。これは学生の学力の多様化にともなう必要に迫られた変化ではあったが、だからこそ改めて、Ⅱ「伝達・理解」からⅢ「目的分野別」への流れの重要性を再認識するべきであると考える。

3章　文章読解を能動型の活動として進める
河合塾現代文ワークショップ講座の事例

成田　秀夫

この事例の特徴

実践例	重点目標	教育観	課題領域	プロセス	ユニット	協働	FD等
3章河合塾	I	教えるから気づかせるへ	対課題	細部から全体へ	4週単位	グループワーク	トップダウン

1　はじめに

　大学受験の指導を主とする予備校も、現代的なリテラシーの課題から自由ではない。筆者は四半世紀にわたって予備校で現代国語の講義を担当しているが、高校生、浪人生の読解力、表現力の低下を実感している。

　予備校の授業は100人前後の生徒を対象にした講義形式が一般的である。しかし、こうしたスタイルは経験豊かな講師が大勢の受験生を効率よく指導する場合に適しているが、受験勉強に対するモチベーションが十分ではない学習者を指導する場合には必ずしも有効とは言えない。

　特に読解力の乏しい受験生は、講義を聴いて「分かったつもり」になっていたり、文章を読み飛ばし適当に選択肢を選んだりすることが多い。こうした受験生は、そもそも文章を読むということに抵抗感を持っており、かりに大学に合格したとしても、大学教育に耐えうるだけの読解力を身につけてい

るとは言えず、大学入学後に大きな困難をかかえることになる。

　こうした受験生を対象に、文章を読むことに対する抵抗感を軽減し、文章読解へのモチベーションを向上させる取り組みは、単に大学入試を突破するだけでなく、大学教育への接続という観点からも必要とされていると言えよう。

　河合塾では大学進学が決まった浪人生を対象としたアンケート調査を毎年行っているが、2001年に実施した調査では、成績上位者に国語が不得意であったと回答する者の割合が多く（図1）、国語が不得意になった理由として「興味がわかなかった」という回答が多かった（図2）。英語では成績下位者が不得意であると回答し（図1）、不得意になった理由は「勉強しなかった」「授業が分からない」（図2）が多くなっている。大学受験においては、英語などに比べ、国語は教科学習そのものへの興味・関心が低いと言えよう。

　こうした状況に対応するため、河合塾では2003年度にプロジェクトチームを立ち上げ、受験生の文章読解のモチベーションを上げるための方策を検討し、2年間の試行を経て「現代文ワークショップ講座」を開発した。

　プロジェクトチームでは、受験生が国語に興味を示さないのは読解と解読

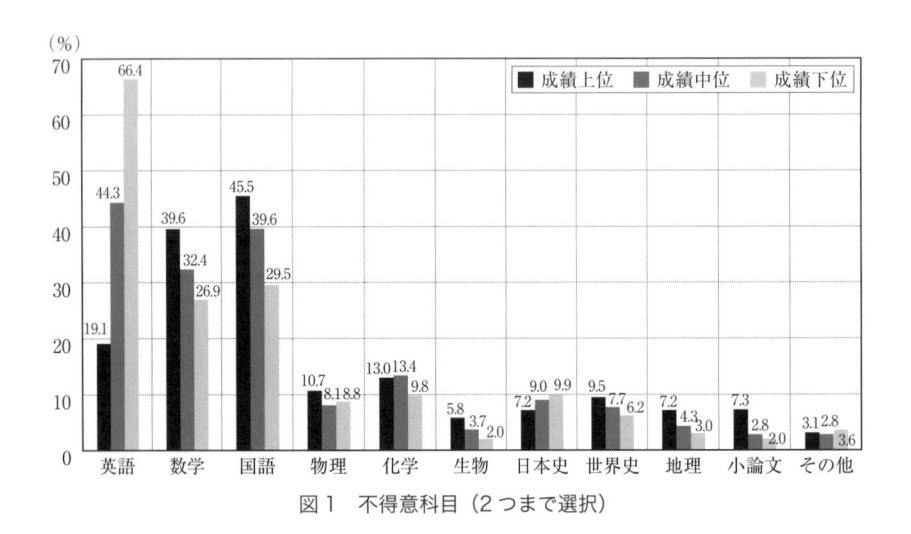

図1　不得意科目（2つまで選択）

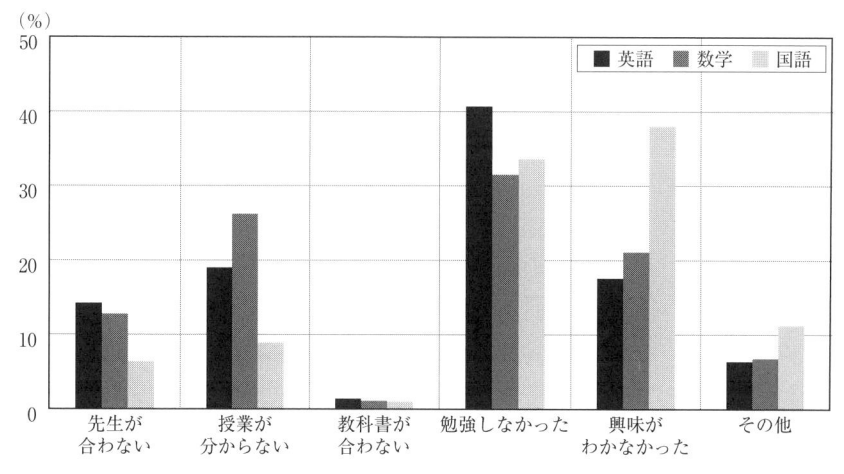

図2 不得意になった理由

の基本的な理解が足りないから（仮説1）であり、また、読解とは他者に開らかれた営為であるということが理解されていないから（仮説2）であるという2つの仮説をもとに同講座を開発し、その検証を試みた。以下はその概要である。

2 事例の概要

「現代文ワークショップ講座」は現代文読解力の乏しい（あるいは、乏しいと自覚している）浪人生を対象としている。当初は前期のレギュラー授業の途中に設置されていたが、2013年現在では浪人生専用の春期講座としてレギュラー授業の始まる前に設けられている。

本講座の目的は現代文への苦手意識を克服することであり、そのために文章読解の基礎的なスキルを習得することが目指されている。具体的な授業の内容は表1に示す通り、「読むための方法」（第1講〜第6講）と「論理的な解法」（第7講〜第8講）という2つの観点から構成されている（ただし、現在の春期講座では第1講から第6講のエッセンスを4講に圧縮して実施し

表1　授業の内容

第1講	語句 —— ことばの世界を拡げる
第2講	文 —— 話題と説明
第3講	指示語 —— 指示語の役割と文章理解
第4講	接続語 —— 接続語の用法
第5講	段落 —— 段落をつなげて全体を捉える
第6講	要約 —— 筆者の言いたいことをまとめる
第7講	論理 —— 選択肢を見きわめるために
第8講	選択肢 —— 入試につなげる

ている)。

　通常の講義形式の授業では、これらの内容は既に分かっているものとして丁寧に説明される機会が少ないが、こうした内容を盛り込んだのは、文章の読み方が分からないから興味が持てない(仮説1)という受験生に、文章読解の基本を理解してもらうことを目指しているからである。こうした内容は日本語の言語の特性を踏まえたものであり、第一言語使用者に必要な言語教育は、「文法のための文法」ではなく「読むための文法」であるという考えに基づいたものである(難波2007)。

　また、OECDが行っている国際学力調査(PISA)の「読解力」の定義(第1部2章参照)に見られるように、読解とは個人の孤独な営為ではなく、個人が他者と関わり何らかの自己実現を目指す際に必要なリテラシーである。したがって読解という行為は、個人の内的な活動にとどまるものではなく、言語という道具を介した他者との相互的な行為であると言える。

　さらに、ソシュールを踏まえた丸山圭三郎の説く言語観からすれば、言語の使用そのものがラング(言語的な規則)とパロール(個人の発話)との弁証法(相互行為)であり(丸山1981)、個人の言語使用は常に他者との協同的な関係の中で実践されるものである。

　大学入試では入試問題に個人が解答するという形態を取るため、読解とは

個人の孤独な営為であるとみなされがちであるが、読解という行為自体が他者へと架橋するものであることが理解され、読解を通じて他者とつながり、他者と共感するという体験を経れば、読解へのモチベーションは自ずと開かれることが期待される(仮説2)。

ところで、こうした読解観の転換は、教授者に教育観・指導観の転換をせまることを意味している。教授者が知識を伝達し、学習者がそれを受けとめるという伝統的な指導観は、学習者の相互的な読解という営みになじみにくい。もっとも、意欲の高い学習者であれば、教授者が一方的に提示する知識を自己の内的な対話を通して「自分化」することも可能であろう。しかし、モチベーションの低い学習者をいかに能動的な学習者へと変容させるかがここでの課題であるため、伝統的な指導観は転換を余儀なくされることになる。つまり、教授者は単なる知識の伝達者ではなく、学習者個人の学びや学習者相互の学び合いの支援者(ファシリテーター)としての役割を引き受けなければならない。

ただし、ここで注意が必要なのは、教授者は学習者に活動を丸投げするのではなく(「自由に議論しましょう」「自由に考えてみましょう」など)、学習者の能動的な学びを誘発する仕掛けを周到に準備する必要があるということである。こうした配慮は、後述する「気づかせるタイプ」の学び(第3部2章参照)に対応するものであり、授業設計には欠かせないものである。そしてこのことは「主体的な学びは主体的には形成されない」、「主人公は学習者、指導権は教授者」という教育のパラドックスを示すものであると言えよう。

3　授業の構成

河合塾では、学習者の能動的な学びを引き出す「ワークショップ型授業」のスケルトン(骨組み・雛形)を次のように考えている。

表2　ワークショップ講座のスケルトン（骨組み・雛形）

1	レクチャー(講義)：習得すべき知識・スキルの提示する(誘発)
2	個人作業(例題)：知識スキルを個人が内面化する(内発)
3	グループ作業(課題)：多様な考えを拡げる、気づき合いを促す(拡散)
4	まとめ(講義)：作業における気づきを確認する(収束)
5	ふり返り(リフレクション)：各個人の学びをふり返る(定着)

　こうしたプロセスは活動を通した学びのプロセスでもあり、エンゲストロームのいう「探究的学習のサイクル」と相通ずるものである（エンゲストローム1987）。

　また、現在では「アクティブラーニング」というタームが当たり前に使われる時代になっており、ワークショップ型の授業もアクティブラーニングの一形態と言える。しかし、エリザベス・バークレーや溝上慎一が言うように、アクティブラーニングとは、学習者に何らかの活動を課すことではなく、活動を通して学習者が能動的に自らの学びを深める（ディープラーニング）ことであることを確認しておくことが必要であろう（河合塾2013）。

　現代文ワークショップ講座も上述のスケルトンを踏まえて各講が組み立てられており、「講義：ミニマムかつスタンダードな知識を提示する →例題：与えられた知識を個人で活用する →課題：与えられた課題をグループで解決する →リフレクション：学習内容や気づきをリフレクションシートに記入する →自習用課題：講義内容の定着をはかる」という授業プロセスになっている。以下では「第1講　語句——ことばの世界を拡げる」を例に、授業の事例を紹介する。

4　授業事例

　現代文ワークショップ第1講のテーマは「語句」である。通常、ひとつの語句の意味は時代とともに変遷する歴史的な性格を持つものであり、日本語

の「をかし」のように時代を経た意味の重層性や多義性を持つ場合が多い。しかし、学習者の中には、文字（能記）とその意味（所記）が一対一で対応するものであるかのように錯覚していることがある。また、語の意味がその語だけで成り立っていると誤解し、ほかの語との関係を考慮しないこともある。

　こうした誤解を払拭し、語と語の関係性を踏まえながら、文章読解の基礎となる語句について理解を深めることが第1講の目的である。

　講義：第1講では語と語の関係として、①同義関係、②対義関係、③具体・抽象関係、④包摂関係があることを具体的な例を示しながら解説する。特に「包摂」関係が理解できないと、家族―市民社会―国家という近代的な社会編成について、あるいはそうした社会編成の中にある学校などの中間組織について理解できなくなってしまう可能性がある。

　例題：個人で例題に取り組み、講義で示された語と語の関係について自分なりに理解することを求める。例題の解答をグループで話し合い、相互に理解を確認し合うことになる。例題のポイントは問題の難易度にある。難しすぎると学習者の理解は得られないので、講義で与えられた知識を活用できる難易度であることが重要である。

　課題：グループで課題に取り組む。ここでは現代文の入試の文章に出てきた語句を一語ずつカード化しておき、あたかもトランプのカードをめくるように語句カードをめくり、それらを模造紙の上に並べ、語と語の関係性を整理するという課題（語句カードのマップ化）に取り組む。その際、講義で提示された①～④の語の関係性を意識しながらカードを並べる。語句カードのマップ化という課題には「ワイルドカード」という仕掛けが組み込まれている。語句カードをマップ化する際に必要な語句カード3枚を意図的に抜いておき、それがないとマップが完成しないように仕組んでおく（図3）。白紙のワイルドカードに自分たちで語句を書き込んでマップを完成させることになる（図3の①～③がワイルドカード）。この仕掛けには2つの意味が隠されている。1つは与えられた語句カードを安易に並べて満足することを許さず、語と語の関係についてより深い考えを誘発するためであり、もう1つは

大学入試で出題される「空欄補充」問題の意義を理解させるためである。グループワークの最後に、各グループの作業結果を参加者全員で見て回る「ツアー」を行う。ツアーの意義は自分たちの作業結果を相対化するとともに、ほかのグループと意見交換し、お互いの理解を深めることにある。

　リフレクション：グループワークの成果を全体でシェアし、講師がワークの内容をふり返り、最初の講義で提示した知識が理解できたか、ワークを通してどのような気づきを得られたかを確認する。そして授業の最後に参加者はリフレクションシートに本講で学んだこと、気づいたことを記入し、知識と気づきの定着をはかる。

　自習用課題：授業後、学習内容の定着を図るための個人で取り組む。

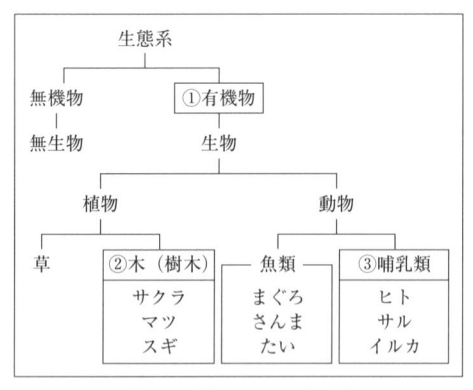

```
                    生態系
                  ┌──┴──┐
               無機物   ①有機物
               無生物    生物
                       ┌──┴──┐
                      植物    動物
                    ┌──┤    ├──┐
                    草 ②木（樹木） 魚類  ③哺乳類
                       サクラ  まぐろ  ヒト
                       マツ   さんま  サル
                       スギ   たい    イルカ
```

図3　語句のマップ化例

5　取り組みを通して見えてきたこと

　「現代文ワークショップ講座」について、講座修了後に学習者から取った5段階のアンケート結果をもとに、上述の2つの仮説について検証してみたい。

　「グループワーク」「リフレクションシート」などの仕組みについて尋ねた

3章　文章読解を能動型の活動として進める　71

図4　現代文ワークショップの授業風景

ところ、「語句のマップ化」については93.6%が「多いに役立った」と答え、「リフレクションシートの活用」については69.0%が「多いに役立った」と答えた。

また、講座全体について、「多いに役に立った」が97.8%、「力がついた」が93.3%、「受講して良かった」が97.8%となった。

第2講〜第8講までの内容について、「どの講で役に立ったか、力がついたと思うか」（複数回答）という問いは下記のような結果になった。

表3　アンケート結果

役に立ったか			力がついたと思うか		
第6講	要約・結論	51.7%	第6講	要約・結論	40.2%
第4講	接続語	51.1%	第4講	接続語	36.7%
第2講	話題と説明	42.2%	第2講	話題と説明	34.9%
第3講	指示語	37.2%	第3講	指示語	27.2%

また、「通常の講義と比べて学習効果の高いのは」という問いには、「ワークショップ講座」が42.1%、「通常の講義」が12.2%、「どちらとも言えない」が42.9%であった。「効果が同じならどちらを選ぶか」という問いには「ワークショップ講座」が57.4%、「普段の講義」が17.0%、「どちらとも言えない」

が 23.4％であった。

　また、「自由記述」の回答には下記のようなものが見られた。
・普段考えなかったことを考えたり、簡単だと思っていたことが難しかったり、貴重な体験でした。
・一人ひとり考え方が違っていて、参考になった。
・マップ化を楽しみながらやっていくうちに、文の全体構造が見えるようになってきました。
・「脳内サプリ」みたいな感じで面白かったです。
・はじめは役立つのか迷いましたが、数を重ねていくごとに、なんとなくでも、コツをつかめた気がしました。

　今回のアンケート結果については統計的な検定を経ておらず、十分な検証とは言いがたいので、さらにデータを収集し検証していく必要がある。ただ、本講座の受講生が、語の関係や接続語の用法など普段考えなかったことを考えたり（仮説1）、グルールワークの意義を認めたり（仮説2）しており、本講座が当初の目的をある程度達成していると言えよう。

　この章最後に、今回の取り組みから得られたことを箇条書きにしてまとめておきたい。
・基本的な読解の方法を知らない受験生が多く、日本語リテラシーの課題は大学受験においても明白である。
・本来、読解という行為自体が他者との相互行為であり、他者と交流しながら学習することは個人の読解力向上に寄与する。
・知識の伝達者から学習者の支援者としての教授者という教授観・教育観の転換が求められている。
・学習の活動において学習者が主人公であるが、学習者が活動を円滑に進めるために、教授者には周到な準備が求められる。

　さて、こうした予備校での取り組みはまだ端緒についたばかりである。大学に入学させることのみを目的とするのではなく、どのような力をつけて大

学へ送り出すのかという問題は、予備校自らにも課せられているものである。高校、大学、社会と連携し、予備校もその教育の質的転換が迫られていることを強く表明して本章を閉じたい。

参考文献

エンゲストローム，ユーリア　山住勝広・松下佳代・百合草禎二・保坂裕子・庄井良信・手取善宏・高橋登訳(1999)『拡張による学習―活動理論からのアプローチ』新曜社．（Engeström Yrjö. (1987) *Learning by Expanding: An Activity-Theoretical Approach to Developmental Research.* New York: Cambridge University Press.）

難波博孝(2007)『臨床国語教育を学ぶ人のために』世界思想社．

丸山圭三郎(1981)『ソシュールの思想』岩波書店．

河合塾(2013)『「深い学び」につながるアクティブラーニング―全国大学の学科調査報告とカリキュラム設計の課題』東信堂．

4章 自大学の「人間力」育成目標に向けて課題発見・解決の力を育てる
日本文理大学の事例

吉村 充功

この事例の特徴

実践例	重点目標	教育観	課題領域	プロセス	ユニット	協働	FD等
4章 日本文理大学	Ⅱ	気づかせるから気づき合うへ	対自己 対人	一部にあり	10週単位	グループワーク	トップダウン

1 はじめに

　日本文理大学では、2005年に教育理念を再編し、「人間力の育成」を前面に掲げた教育改革を実行した。その2007年度より低学年のキャリア教育、人間力教育の一環として「社会参画科目群」（1年前期から2年後期まで各学期で開講される「社会参画入門」「社会参画実習1」「社会参画応用」「社会参画実習2」の総称）が全学部必修の共通カリキュラムとして開講されている。「社会参画科目群」は全学生に共通なジェネリックスキル（汎用的技能）、中でもコンピテンシー（第1部2章2節、4節参照）を成長させることを主眼に、全学組織である人間力育成センターが企画・統括を行い、各クラスの授業は統一シラバスに沿って各学科の担当教員（多くは担任を兼ねる）が実施している。筆者は人間力の育成センター長としての立場から、以下の実践を報

告したい。

　本学の人間力教育を代表する本授業科目群の中でも、コアになるのは1年後期（秋学期）に開講される「社会参画実習1」である。この授業科目の特色は、理系である工学部と文系である経営経済学部の2学部からなる本学の特徴を活かして、学部混成の課題解決型グループワーク（本学ではワークショップと呼ぶ）を実施することである。しかし、教員や学生からはこの授業を始めた2007年度から必ずと言っていいほど毎年出てくる疑問、質問がある。

「各学部で学習意欲も将来の目的も異なるのに、学部混成でグループワークをする意味があるのか？」
「同じことをするにしても学科単独でやればもっと効果があがるはずだ！」
「同じチームの向こうの学部のやつらは議論にも参加しないし、なんで僕らだけ一生懸命やらなきゃいけないんですか？」

　このような問題は工学部から出てくる割合が非常に高い。

　しかし、複雑になった現代社会の実態に照らすと、技術者であっても同じ専門を持った者同士だけで仕事をすることはもはやあり得ない。むしろ、早い段階での協働学習により、さまざまな価値観があることを知り、異分野の融合により新しい価値を生み出せることを身をもって体験することが重要である。さらには生産者と消費者の関係を考えても、難しいことを分かりやすく伝えるようなコミュニケーション能力は必ず身につけておく必要がある。このような取り組みは、各学科の専門教育が本格化する前である1年生だからこそできる教育でもある。

　また、初年次のワークショップでは、身近なテーマを題材にすることを基本としている。これは、基礎学力にせよ、ジェネリックスキルにせよ、これらの力をつけるためには、まず学生たちの関心を引きつけ、学生たちが主体的に行動しなければ、どんなに良い教材を用意しても意味をなさないからである。

　本章では、社会で活躍するための汎用的能力である"人間力"（第3部3

章2節の図1、または3節参照)を育てるファーストステップとして、本学が実施している初年次のワークショップの具体例について2つの事例を紹介する。1つ目は入学直後のスタートアップ研修として1泊2日で行うワークショップで、「気づかせる」ことによって、高校からの学びの転換を図り主体性を引き出すものである。2つ目は「社会参画実習1」での実践例であり、ワークショップでの課題発見・課題解決を通して「気づき合う」ことによって人間力≒ジェネリックスキルを高めることを狙っている。これらの実践から、コンピテンシーの強化を主眼としつつも、企画、実践を通じたプロセスが結果として学びの転換を図り、リテラシーの強化にも結びつく(ここでのコンピテンシーとリテラシーの定義については、第2部1章4節を参照)ことを紹介する。

2　学びの転換を図るスタートアップの「ミニプロジェクト」

2.1　概要と目的

　本学では、入学直後の1週間を「スタートアップ」期間と位置づけ、さまざまな研修を実施している。スタートアップは、学生自身が大学生活を充実させ、自立した社会人へと成長していくための第一歩であり、高校から大学へと急激に変わった環境に対する不安を解消するとともに、大学4年間の目標を考えるきっかけをつくる場となっている。

　本学のスタートアップは、①日本文理大学を知る、②友人作り、③学修支援、④生活支援のカテゴリーで実施される。中でも①と②の中心的なプログラムである本学湯布院研修所での1泊2日の宿泊研修は、友人づくりを基本としつつも、ワークショップでの協働学習を通じて意欲的に学ぶ姿勢や主体性、対人基礎力が重要であることに気づかせ、学びの転換を促す「ミニプロジェクト」として実施している。

　この宿泊研修は人間力育成センターが主管し、センターの教職員6人が中心となって企画から運営までのすべてを行っている。現在は1回に100〜

140人程度を受け入れ、学部学科単位で4回に分けて全新入生の指導にあたっている。ワークショップは1チーム8～10人で構成されており、1回の受け入れで、9～14チームを指導することになる。

宿泊研修でのミニプロジェクトのテーマは、現在のプログラムを確立した3年前から毎年同じテーマで実施しており、「魅力のあるチャーハンを作ろう！」である。これは、2日目の昼食の献立を自分たちで初日に企画し、2日目に実際に食材を調達し、調理するという実践活動を伴ったプログラムである。

このプログラムは、「食事を作る」という生活をする上で基本的な要素を題材とすることで、全学生がゴールのイメージを比較的簡単に共有できることに特色がある。その上で、出会ったばかりのメンバーと打ち解けながら協力して活動することで、チーム活動の大変さを感じつつも、一人では達成困難なことがチームであれば達成できることに気づかせること、その達成感を味わわせることを目的としている。

2.2 プログラムの構成とポイント

ミニプロジェクトのプログラムは、大きく分けると1日目が企画立案、2日目が企画に基づく実践、ふり返りである。1日目は昼食時から研修所で受け入れるため、プログラムは概ね午後の5時間程度で実施可能な内容としている。そのスケジュールを表1に示す。

入学直後というタイミングであり、学生はかなりの緊張感を持って研修に来るため、前半は先輩達の取り組みをDVDで見せて興味を持たせたり、アイスブレイクによるチームビルディングなどにかなりの時間を割いて、学生たちを緊張から解放することに努めている。

ミニプロジェクトとしては、アイスブレイク①のあとに、ワークショップ①を実施しテーマを発表するが、ここでは「高校までと違って主体性を持って活動することがなぜ必要か」「チームで活動することがなぜ重要か」といった視点と強く結びつけながら、プロジェクト活動の意義を説明している。ま

表1　1日目の流れ

分類	内　　容	リテラシーの想定要素	配分時間
イントロダクション	先輩達のプロジェクト活動に興味を持つ　〜DVD上映〜	―	30分
アイスブレイク①	自己紹介ゲーム	―	20分
ワークショップ①	プロジェクト活動の重要性とミニプロジェクトの手順説明	―	20分
アイスブレイク②	レクリエーション　〜チーム対抗ゲーム〜	―	60分
ワークショップ②	調理するチャーハンの内容の決定、作り方や必要な食材の情報を集める	情報収集力情報分析力	40分
ワークショップ③	翌日の調理計画、食材調達計画、役割分担の決定、プレゼンテーション準備	課題発見力構想力	60分
ワークショップ④	ポスターを用いたプレゼンテーション	表現力	50分
まとめ	教員からの総括	―	10分

た、2日間の流れやどのような評価をするかといった情報、テーマである「魅力あるチャーハンづくり」の企画を立案するにあたって使用可能な食材や種類、予算などのレギュレーション、大学側が提供する食材などについてもこの段階で説明している。

　学生たちがミニプロジェクトとしての主体的な活動を始めるのは、ワークショップ②からである（図1）。ワークショップ②では、グループディスカッションによりチャーハンの内容を決定し、作り方や必要な食材の情報を集め、ワークシート（図2）に整理していく。大判ワークシートはプレゼンテーション時のポスターを兼ねており、作り込んでいくことでそのまま発表に使

4章　自大学の「人間力」育成目標に向けて課題発見・解決の力を育てる　79

図1　ワークショップの様子

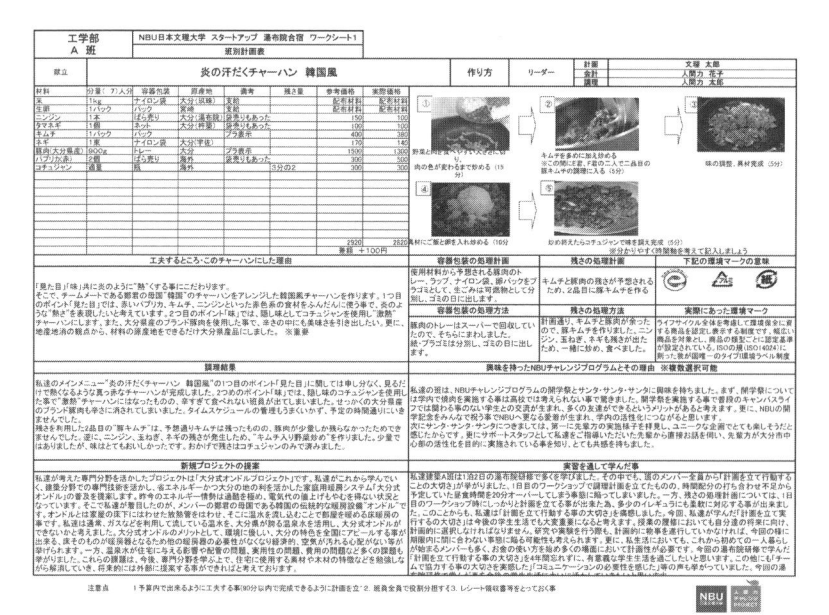

図2　チームで使用するワークシート（イメージ）
注）枠内の記載内容は記入例

用できるようにしている。また、ワークシートは、1日目の企画立案のための記入部分と、2日目の実践後に結果を記入する部分から構成されており、

計画と結果が比較できるようになっている。

　ワークショップ②の活動時には、インターネットによる情報収集を時間を区切って認めている。また、地元スーパーのチラシを用意し、食材の予算計画の参考にさせている。ここでのポイントは、自分たちが作るチャーハンの特色や魅力をきちんと表現できるように促すことである。つまり、「なぜそのメニューなのか？」「そのメニューに対するチームの想いは？」を何度も問いかけ、チームとしての議論の深まりを誘導している。その結果、出身地が九州各県に散らばっているチームは各地の有名な食材を具材にした「九州特産チャーハン」、韓国人留学生がいるチームは「キムチチャーハン」、スポーツ系の学生が多いチームは「スタミナチャーハン」など、各チームなりに説得力のある提案がなされる。

　ワークショップ③では、②の内容をさらに詳細に検討し、翌日の調理計画、食材調達計画を決定し、調理班と食材調達班などの役割分担の決定を行う。翌日の調理時間や調理スペースが限られていることから、ここでは、効率的な調理方法や役割分担について詳しく検討させている。さらにすべての企画立案が終了したチームから、立案した企画内容をプレゼンテーションするための準備（ワークシートの清書と口頭発表原稿の準備）を行う。

　ワークショップ④では、立案した企画について、全チームが4分間のプレゼンテーションを実施する。ここでのルールは、必ずチームメンバーの全員が一言以上発言することである。このプレゼンテーションは、学生たちの想いを相手に伝えることの重要性を認識させ、一方でその難しさを理解させることに重きを置いており、個別の評価は行っていない。

　以上のワークショップが終わった後、初日の講評として教員が総括を行う。ここでは、各チームの発表の特徴について大まかに講評するほか、以下のポイントについてその日の活動に照らして説明している。

　(1) プロジェクト活動において主体的に行動する意義
　(2) プロジェクト活動では、対人基礎力などのコンピテンシーが重要であること

4章　自大学の「人間力」育成目標に向けて課題発見・解決の力を育てる　81

表2　最終プレゼンテーションのルーブリック

評価項目	5点	3点	2点	1点	0点
献立のテーマに独創性・特色があるか？	独創性または特色があり、その理由が適切である	独創性または特色はあるが、その理由が不明確もしくは不適切である	—	独創性も特色もないが、理由は明確にしている	独創性も特色もなく、理由も不明確もしくは不適切である
計画に対する調理結果は適切か？	ほぼ計画通りに実行できており、調理結果も妥当である	ほぼ計画通りに実行されているが、調理結果は妥当とは言えないまたは計画がずさん	—	計画通りに実行されたとは言えないが、実行できなかった理由を明確にしている	計画通りに実行されておらず、その理由も不明確である
実習を通じたチームとしてのふり返りの内容	主体性及びチームで働く意義を明確に気づいている	主体性もしくはチームで働く意義のいずれかは気づいている	—	何かしらの気づきが認められる	気づきが感じられない
話し方（声の大きさや聞き取りやすさ）が、聴衆が理解しやすいように工夫が見られるか？	発表者全員が、聴衆が理解しやすいように配慮、工夫している	発表者の半数以上は、聴衆が理解しやすいように配慮、工夫している	一部は配慮に欠けるが、全体的には何とか理解できる	配慮・工夫をしようとしている学生はいるが、全体的に理解しづらい	全体的に工夫が見られず、理解しづらい
チームでの口頭発表ができているか？	メンバー全員が口頭発表した（1人最低一言以上）	メンバーの2/3以上は口頭発表した	メンバーの半数以上は口頭発表した	メンバーのうち、2〜3人で口頭発表した	メンバーの1人がすべてを口頭発表した

(3) 高校までと違い、プロジェクト活動は大学や社会では当たり前に行われること
(4) ミニプロジェクトの手順は特殊なものではなく、どんなプロジェクトにも通用すること（課題解決のためのプロセスを踏襲していることも説明）
(5) 翌日の実践では計画通り行くとは限らない。大事なことは、その場合でもきちんと結果を検証し、計画と異なった原因を解明するためにふり返りを行うこと

2日目は立案した内容に基づき、実際に調理を行い、結果を検証する。ここでは、料理の出来不出来は重要視しておらず、計画通りできたこと、できなかったことを整理させ、できなかった場合は、「なぜできなかったか？」を解明させる。

学生たちの最初のプロジェクト活動であるミニプロジェクトの成果は、研修後に学内で改めて発表をする場を設けており、ルーブリック（**表2**）に基づいた評価を行っている。

以上のミニプロジェクトは、学生たちにとって大学生活をともに過ごす大事な友人を見つけると同時に、プロジェクト活動の楽しさや重要性を知る機会となっている。

2.3　ミニプロジェクトのまとめ

ここでは、入学直後の学生たちに、チームワーク、主体性、実践力といったコンピテンシーを伸ばす重要性に気づかせる、スタートアップでのミニプロジェクトについてその内容を紹介した。

このプロジェクトは、入学直後のいい意味での緊張感を利用して、主体性を持つことの重要性を認識させるとともに、高校までの答えを覚える勉強から脱し、解がひとつではない問題に挑ませ、学びの転換とはどういうことかを体験させるものである。合わせて、情報収集→情報分析→課題発見→構想→表現→実践のプロセスを踏襲し、チームワークや主体性といったコンピテ

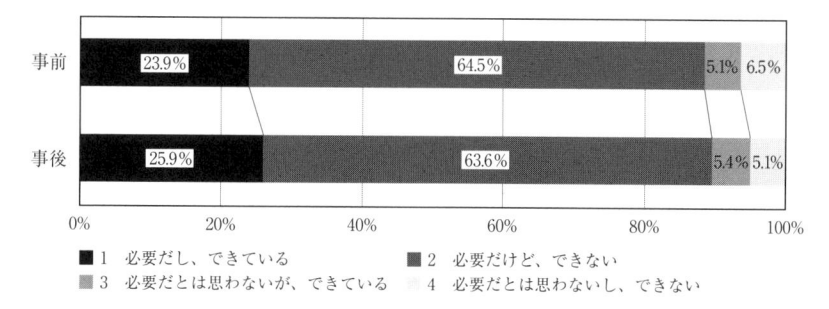

4章　自大学の「人間力」育成目標に向けて課題発見・解決の力を育てる　83

	1 必要だし、できている	2 必要だけど、できない	3 必要だとは思わないが、できている	4 必要だとは思わないし、できない
事前	23.9%	64.5%	5.1%	6.5%
事後	25.9%	63.6%	5.4%	5.1%

図3　主体性の自己評価の前後比較

ンシーの成長を主眼としつつもリテラシーのさわりを体験させており、大学での学びの第一歩として重要な意味を持っている。

最後に、本プロジェクトで主眼に置いている項目のひとつである「主体性」について、ミニプロジェクトの前後での学生の自己評価結果を図3に示す。これより、「主体性」の必要性を感じる学生、「主体的に活動できる」ようになった学生がわずかだが増加していることが示された。

3　コンピテンシーを高める文理協働ワークショップ

3.1　概要と目的

スタートアップのミニプロジェクトは、入学後すぐに同じ学科の学生たちとの協働学習により、友人づくりを兼ねて、「主体的な行動」と「チーム活動」の重要性に「気づかせ」ている。

一方、1年後期の「社会参画実習1」は、異分野の学生との協働により、ジェネリックスキルを高めることを主目的に、文理協働の課題解決型グループワーク（ワークショップ）を実施している。ここでは、価値観の違いを乗り越え、お互いの良い部分を認め合うことにより「気づき合い」、より高い成果を出すことを目標にしている。

ワークショップは、学部混成のチーム編成で8週実施しており、具体的に

は、工学部と経営経済学部の1クラスずつを組み合わせることを原則として、合同1クラスが30人以内になるように調整する。そのため、各担当教員（担任）である両学部の教員がチーム・ティーチングで指導に当たることになる。

両学部の教員がチーム・ティーチングで指導に当たることで、導入当初からさまざまな効果が表れた。つまり、授業運営自体がFD活動となり、それぞれの学部学生の異なる実態を把握することができたり、授業運営方法の違いや苦労などの意見交換が実体験をともなって進み、その後のFD活動にさらなる効果をもたらした。

本ワークショップのテーマは、導入当初の2007年より、学部混成であることを活かし、専門性にはこだわらず、身近なテーマとなるよう学内施設の改善計画や県内の特徴紹介の範囲で、チームで自由に課題設定をさせていた。しかし、チーム間で設定レベルがばらついたり、実現性が必ずしもないような解決策が散見されていたため、学生の関心を引きつけつつ、より高い達成目標を設定するため、2012年度よりテーマを変更した。

大きな変更点は、「知識を活用することができる」「地域社会の一員として社会に参画できる」ことを学修の基本に据えるべく、課題テーマを地元自治体（大分市）と協働して設定したことである。つまり、大分市が進める政策「市民協働のまちづくりの7本柱（表3）」のいずれかをチームで選択し、これらの政策をさらに促進するための具体的な取り組み策を提案させることとした。これにより、チーム間の課題レベルの差をなくすとともに、地域社会

表3　文理協働ワークショップのテーマ（2012年度）

市民協働のまちづくりの7本柱の政策推進案の提案
①日本一きれいなまちづくり
②地域コミュニティの再生
③市民の健康づくり
④安心・安全のまちづくり
⑤地球環境保全の取り組み
⑥スポーツによるまちづくり
⑦あいさつと笑顔があふれるまちづくり

表4 「社会参画実習1」の学修到達目標

観点	内容
関心・意欲・態度	①チーム活動：チーム活動に取り組むことができ(主体性)、自分の役割を果たすことができる(情況把握力)。 ②時間管理：ほぼ無遅刻、無欠席で授業に参加できる(規律性)。
知識・理解	①情報分析力：収集した情報を分析し、必要な知識を抽出し、理解できる。
技能・表現・コミュニケーション	①コミュニケーション力：チームのメンバーに、思いやりの心で接することができ、自分の意見を理解してもらうことができる(発信力)。また、相手の話や意見を聴くことができる(傾聴力)。 ②プレゼンテーション力：自分の責任範囲の発表ができる(情報スキル、発信力)。
思考・判断・創造	①情報収集力：教員など他者のアドバイスにより、適切な媒体を用いて必要な情報を収集できる。 ②課題発見力：収集した情報を分析し、課題を見つけることができる。 ③文章力：自分の責任範囲の成果が記述できる。

の一員としての自覚をより早い段階で喚起することも可能となった。

　本科目の学修到達目標を**表4**に示す。本ワークショップでは、最終の成果物として、チームでの「企画書作成(A4判1枚)」および「プレゼンテーション」を求めている。ポイントは、成果物はあくまでチームでの成果物であって、個人単位では求めていない点である。そのため、必ずチームでの役割分担と合意形成が必要となる。

3.2　授業の構成とポイント

　2012年度の授業計画は**表5**の通りである。課題解決型の授業は第3週から第13週であるが、最初の課題提示は大分市長が特別講演を行う形で全員に問題提起している。また、第13週回の代表チームによる提案プレゼンテーションは、大分市の複数の関係者が出席し、良い提案は実際に市の政策として採用されることがあることをあらかじめ伝えている。これにより、学生た

ちの関心をさらに高めることにつながっている。

　第4週は、文理協働ワークショップを実施するにあたっての準備週としている。つまり、第3週の市長講演を受けて内容を再確認したり、追加の基本情報を与えたりして、各クラスでの温度差や知識のばらつきを可能な限りなくしている。また、希望テーマを調査し、クラス編成の参考にしている。

　第5週から第11週が文理協働ワークショップになるが、クラス内でのチーム編成は1チーム5人程度となるようにし、必ず両学部の学生で編成するよ

表5　「社会参画実習1」の授業計画

週	形式	内容
1	担任	ガイダンス、担任教員による活動
2	担任	プレゼンテーション技法
3	全体	大分市長による講演（課題テーマの提示）
4	担任	課題内容の整理などWS準備
5	WS	チーム編成、情報共有、方針・役割分担決定
6	WS	フィールドワーク、情報収集
7	WS	情報分析、情報再収集
8	WS	情報再分析、課題発見、中間評価
9	WS	企画アイデア整理、構想、中間発表
10〜11	WS	企画書作成、発表準備
12	合同	全チーム成果プレゼンテーション（2クラス合同）
13	全体	代表チームによる大分市へのプレゼンテーション
14	学科	プレースメントテスト
15	担任	ふり返り、面談

WS: ワークショップ

うに担当教員に指示している。この結果、2012年度は合同14クラス、履修学生411人での実施で、75チームが編成された。なお、担当教員数は29人である。

　ワークショップでは、他人との関わりによってコミュニケーション能力を向上させたり役割分担したりすること、企画立案のための現地調査や図書館・インターネットによる情報収集をすること、その情報を分析することにより政策推進のための現在の問題点を発見すること、時間管理やスケジュール調整により規律を遵守すること、企画書を作成すること、最終発表用のパワーポイントを作成すること、それをプレゼンテーションすることなど、活動の進行に従って能力を磨いていけるように指導している。この課題解決のプロセスは、「情報収集」→「情報分析」→「課題発見」→「構想」→「表現」というリテラシーの能力要素そのものであり、本ワークショップを通じて、コンピテンシーの強化はもちろん、リテラシーも強化できるようにしている。

　また、毎週のワークショップでは、活動記録シートを一人ひとりが記入することとしており、これを学修ポートフォリオとしてファイリングしている。活動記録シートは、毎週、担当教員（担任）が内容を確認、必要に応じてアドバイスを記入し、翌週の授業時に学生にフィードバックしている。

　担当教員の役割は、上記の活動記録をはじめとした学修ポートフォリオのチェックのほか、チーム活動における学生のモチベーションを上げるように適宜適切にアドバイスをすること、ヒントを与えることに主眼を置いている。特にそれぞれの学生の性格や能力などを考慮して、自分にない価値観を受け入れたり融合させたりすること、適切な役割分担をすることなど、コンピテンシーを強化することで、その重要性に気づき合えるように指導している。これらの方法については、人間力育成センターが学期始めに担当教員説明会を実施し、指導方針を徹底している。

　成果発表は、まず2つの合同クラスの単位で全チームがプレゼンテーションを行う。この際、作成した企画書（レジュメ）も配布している。プレゼン

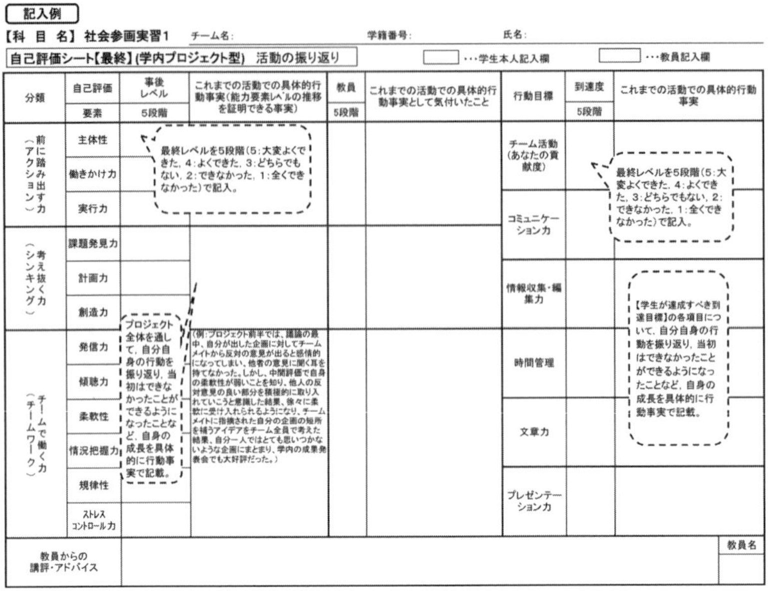

図4 ふり返り自己評価シート（イメージ）

テーションの内容を担当教員が審査し、代表チームを選抜する。代表に選ばれたチームは、翌週、全受講生および大分市の担当者を前に、企画提案の最終プレゼンテーションを行う。評価は市の担当者が行い、優秀提案は市の内部で実現可能性が実際に検討される。

授業の最後である第15週には、これらの活動のふり返りとして、自己評価シートを記入する。このシートを図4に示す。このシートでは、コンピテンシーを「社会人基礎力」として表記しており、学生は「前に踏み出す力」「考え抜く力」「チームで働く力」のそれぞれについて自己評価レベルとその具体的な行動などを記述することとしている。また、教員による評価も記入しており、フィードバックを行っている。

3.3 文理協働ワークショップのまとめ

ここでは、工学部と経営経済学部の合同チームで実施する課題解決型ワー

クショップについて、その概要を紹介した。ワークショップの初めのうちは、学習習慣や学習環境などの違いにより、戸惑う学生も多くいる。また、本章の冒頭で示したような不満を漏らす学生も少なくない。しかし、お互いの良い点や価値観の違いに気づき、それを受け入れられたチームは、役割分担を要領よく行ったり、それぞれの専門性を活かした優れた提案をする。具体的には、役割分担では工学部の学生が調査・分析を主に担当し、経営経済学部の学生がプレゼンテーションやその準備を主に担当する。また、専門性を発揮して、経営経済学部の学生が政策のターゲット層を絞り込んだ独創的なアイデアを出し、それを工学部の学生がCGなどでデザインしたりもする。

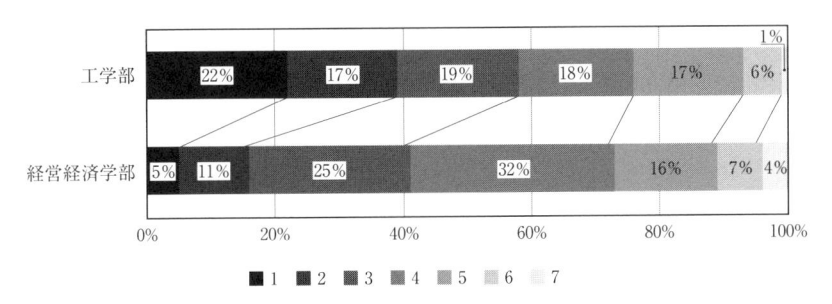

図5　コンピテンシーの能力レベルの分布（2年生進級当初）

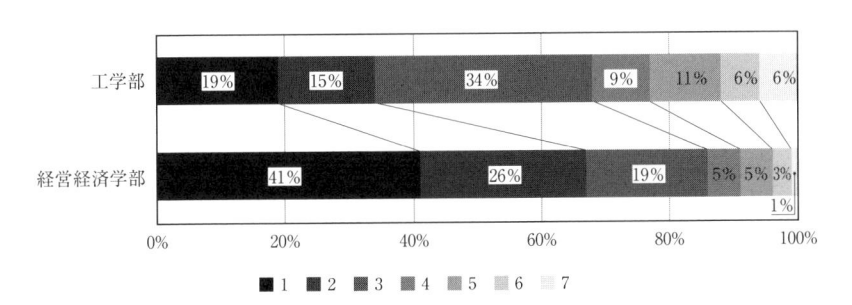

図6　リテラシーの能力レベルの分布（2年生進級当初）

以上のように、本ワークショップでは、コンピテンシーの育成に主眼を置きつつリテラシーの育成要素も落とし込んだプログラムとして実施している。これらの成果についての客観的な前後比較は現時点では行っていないが、2年進級時に実施した「PROGテスト」(第2部1章4節参照)の結果を示す。図5がコンピテンシーの総合評価の能力レベル分布、図6がリテラシーの総合評価の能力レベル分布である(それぞれ7段階評価で、7の方がよりレベルが高い)。

　これより、両学部の能力の対称性が非常に顕著であることが分かる。つまり、経営経済学部ではコンピテンシーが比較的高い学生が多く、工学部ではリテラシーが比較的高い学生が多くなっている。しかしながら、工学部の学生であっても平均的にはコンピテンシー能力は全国平均スコアよりも高い。以上のことからも、本ワークショップによる効果が少なからず出ていると考えられる。

4　まとめ

　本学では、「産学一致」の建学の精神に基づく、「人間力の育成」という教育理念を実現するため、社会で活躍するためのジェネリックスキルを全学的に養成することが重要であるという共通認識のもと、本章で紹介したような教育プログラムを学士課程教育の根幹に据えている。

　そのため、ミニプロジェクトやワークショップの手法は、専門教育や正課外プログラムにおいても、プロジェクト系授業を中心に広がりつつある。特に、専門教育におけるプロジェクト系授業では、専門知識を活用することに主眼が置かれるため、チーム活動の導入には充分時間が割けない。しかし、初年次の段階でコンピテンシーに重点を置いてジェネリックスキルを育成する本プロジェクトの存在により、チーム活動がスムーズに進められるようになってきている。

　前述のように、本学におけるジェネリックスキルの育成は、コンピテン

シーの育成に重点を置いているが、これは社会との接点を常に強く意識させ、実践させることで、より効果が上がるものである。このような教育は、さまざまな場面設定、連携先が必要となることから、ひとつの科目で達成できるものではない。そのため、本学では、科目連携の重要性がこれまで以上に強くなっている。現在、カリキュラム・ツリーの作成や講義と実習を組み合わせて体系化するなどの科目連携を強めている。さらに、今後はリメディアル教育との連携、リテラシーに主眼を置いた科目の拡充などを行い、学士課程教育全体でのジェネリックスキルの育成、人間力教育の実現を目指している。

5章 自大学のディプロマ・ポリシーに即して情報分析・課題発見の力を育てる
九州国際大学法学部の事例

山本 啓一

この事例の特徴

実践例	重点目標	教育観	課題領域	プロセス	ユニット	協働	FD等
5章 九州国際大学	Ⅱ	教えるから気づかせるへ	対課題	プロセス・ライティング	3〜4週単位	グループワーク	ボトムアップ

1 はじめに

　九州国際大学は福岡県北九州市八幡東区に位置する大学である。本学の前身は八幡大学であり、源流を遡ると 80 年の歴史がある。ただし、現在は、いわゆるマージナル大学のひとつである。入学者の大半は推薦入試等の学力を問わない入試で選抜されている。その結果、多様な学力を持った学生が入学している。そのため、本学では学生のモチベーション向上や退学率の低下は大きな課題であった。

　こうした中で、九州国際大学法学部（以下「本学部」と称する）では、2008 年度に筆者が学部長に就任（2012 年 12 月まで）して以降、入門ゼミなどで初年次教育改革を進め、入学者のモチベーション向上や退学者減少を図った。また、本学部は八幡大学時代より警察官を数多く輩出してきたという伝統に

立ち戻り、教育目標のひとつとして警察官育成を掲げるとともに、ディプロマ・ポリシーを以下のとおり再設定した。

①法律の体系的知識と論理的に考える力を身につける
②大学生にふさわしい読み書き能力・知識活用力を身につける
③他者と協力しながら課題を解決できる力を身につける
④仕事を通じて社会に貢献したいという職業観と公共心を身につける

　このディプロマ・ポリシーの特徴としては、法学部でありながら、ジェネリックスキル（汎用的技能）の育成をかなり意識しているところにある。かつて日本の法学部は、「つぶしのきく学部」と言われ、学生は高い汎用的能力を持っていることが暗黙の了解となっていた。しかし、学生が多様化し、ユニバーサル化が進んだ現在において、そうした状況は成立しにくくなっている。したがって、本学部では、意識的にジェネリックスキルを育成することを教育目標のひとつとしたのである。

　警察官育成に関わる具体的な取り組みとしては、2008年度より、危機管理を学ぶリスクマネジメント・プログラムを設置した。ただし、危機管理を学んだからといって警察官になれるわけではない。むしろ、あとで述べるように、大卒警察官はジェネラリストであることが期待される。ディプロマ・ポリシーの中で、ジェネリックスキルの育成を重視したのはそのためでもある。また、警察官はさまざまな局面で文章表現能力が要求される。そこで、本章のテーマと関わる日本語リテラシーの育成が不可欠となる。

　前述したように、初年次教育の導入を通じて、学生のモチベーション向上や退学率減少に関しては一定の成果が見られた。だが、目標人材との関連性で言えば、むしろ学生の日本語リテラシーの育成が課題となる。

　そこで、2011年度より、既存のカリキュラムの中で開講されていなかった「教養特殊講義5・6」を使い、文章表現科目を春・秋の両学期にそれぞれ2単位の科目として導入した。この科目はクラス指定科目として学生の時間割に組み込まれ、事実上の必修科目となった。その上で、1年生全員を4つのクラスに分割し、筆者を含む教員4名が担当することとした[1]。

それから2年間が経過し、われわれの授業は主にプロセス・ライティング（詳しくは7章および第3部1章1節、2節参照）をもとにした「コマのユニット化」という方針で運営されるようになった。すなわち、3コマを通じて資料を読解し、テーマを設定してアウトラインを作り、800字程度の文章を作成する、という流れの授業を行っている。

　教材は、各教員が1ユニットずつ作成することで、全部で4ユニット、合計12コマの教材となる。こうして、1学期15コマのうち最初のガイダンスと最後のまとめ、そして途中の1コマ（復習コマ）を除く4ユニットを全教員で設計し、全員が同一の授業を展開しているのである。

　本章では、この「プロセス＋ユニット」型の文章表現科目について、概要とその特色について説明する。

2　授業の概要

　まず、2012年度秋学期の授業（教養特殊講義6）がどのように進行したか、具体的に説明しよう。達成目標は、「与えられた情報を踏まえて自分の考えを論理的に主張し、課題解決を提案できる文章が書けること」である（本章末尾のシラバス参照）。すなわち、課題に対して客観的かつ論理的な文章、「対課題型文章」を書くことを主眼としている。

　2012年度の各ユニットのテーマは以下の4つであった（**表1**）。ユニットのテーマはそれぞれの教員が設定し、協議の上で課題の内容のレベルによって順番を設定した。

表1　2012年度秋学期ユニット構成とテーマ

第1ユニット	野球部における学生コーチの課題〜コーチングの活用
第2ユニット	我が国のエネルギー問題〜ポスト原発の選択肢
第3ユニット	新卒一括採用制度の是非

| 第4ユニット | 衰退する商店街の課題と現代における意義 |

　それぞれのユニットの教材は、資料（文章、グラフ等）、ワークシート（学生用・教員用）、授業案、採点基準（ルーブリック）から構成される。資料は新聞記事や白書などが多いが、授業時間内に学生が消化可能なように、分量や内容を調整することがほとんどである。

　ここで、第1ユニットである「コーチング」を例にとって説明しよう（作成：藤勝宣教授）。このユニットでは、コーチングに関するさまざまな文献

表2　第1ユニット課題

【資料1】「悩みのるつぼ」改め「悩んでドツボ」（夕日新聞より）
相談者：山本幸一

　私は九州の某大学野球部の学生コーチをしております。私の野球部は九州でも強豪で、九州だけでなく全国からメンバーが集まるため、非常に多くの部員がいます。レギュラーになるのは大変です。私は最初、一軍をめざしていましたが、途中で限界を感じて、選手は諦め、学生コーチに転身しました。

　これには相当悩みましたが、先輩に相談してみると「いくらうちの野球部が強いといっても、卒業生の中でプロに進めるのは数年に1人だし、社会人野球でやれるのも毎年2〜3人くらいだ。それ以外は、皆、ふつうの会社に就職していくんだから、この際、思い切って学生コーチになって指導の仕方（コーチング）を勉強したらどうか」と言われ、ハッとなって決断した次第です。

　しかし、この学生コーチという仕事が、想像していた以上に大変でした。たしかに、監督は「学生コーチの言葉は監督の言葉と同じだ！」と言ってくれますから、私の指導に表面上従わない選手はいません。しかし、ベンチ入りメンバーに入れないと分かると急激にやる気を失う選手が多く、上昇志向を失った選手の指導は非常に難しいです。それ以外でも、皆、プライドがあって叱り方が難しいですし、表面上は従っていても、心の中では、コーチの指導を受け付けない選手もいます。さらに、従順ではあるのですが、言われたことを繰り返すだけで、自分の頭では何も考えない選手もいます。

　そんな多種多様な選手たちに囲まれて、結局、自分に本当に付いてきてくれる選手はあまりいないと実感しています。最近は、「他人を指導するとはどういうことか？」、「よい指導者とは何か？」と悩む日々で、学生コーチとしての自信を失いつつあります。野球部を辞めることも考えてみましたが、就職したら将来、部下を抱えることになり、結局、同じ問題に悩みそうです。このようなワケで、毎日、悶々と悩んでドツボにはまっています。どうか、こんな私に何かアドバイスをお願いします。

を踏まえ、すべての資料を教員が自作した。課題文それ自体も読解の対象となる力作である。内容がとても面白いため全文を紹介しよう（**表2**参照）。この課題は、実際に本学の学生コーチに取材をして作成したそうである。ポイントは、野球部の学生コーチという個別的な悩み相談から、「よい指導者とは何か？」というより一般的な視点に広げているところにある。

この課題に対して、何も資料を提供せずにいきなり文章を書かせても、通常は個人的な意見の域を出ず、「対課題型」文章にはならない。そこで、このユニットは、次のように進行する（**表3**）。

1週目では、前掲の課題文と、コーチングの文献を踏まえて作成された学生コーチと指導者の対話文を配布する。それらをワークシートに沿って読解する。さらに、グループワークを行い、学生がお互いに知識を共有し、アイデアを膨らませる。

2週目は、コーチングの視点や原則とコーチの心構えについての資料を配布し、ワークシートに沿ってグループワークを取り入れながら読解する。

3週目に、それまでの資料の内容を踏まえ、自分の意見を構想し、アウトラインを作成して800字程度の原稿用紙に書く。課題は、各教員がルーブリックに基づいて採点し、学生に返却する。

表3　ユニットの授業設計（第1ユニット：コーチング）

課題：「他人を指導するとは、どういうことか？」、「望ましい指導とは何か？」という問題に対して、コーチングの知識を踏まえた上で、自分の意見を600字以上800字以内で述べる。	
第1週	ねらい：コーチングということばの意味やその歴史を知る。 ・配布物：レジュメ、資料（2種類）、ワークシート ・教員用参考資料：ワークシート（教員用）、授業案
第2週	ねらい：コーチングの具体的内容と、 　　　　コーチングが成立する条件やコーチの心構えを知る。 ・配布物：レジュメ、資料（2種類）、ワークシート

> 第3週　ねらい：与えられた課題に対して、コーチングの知見を活用し、
> 　　　　　　　自分の解決策を論理的に展開することができる。
> 　　・配布物：レジュメ、ワークシート、原稿用紙
> 　　・教員用参考資料：採点基準（ルーブリック）

　ユニットの流れから分かるように、実際に文章を作成するのは3週目である。1週目と2週目は資料の読解と分析に費やされている。学生コーチの悩みに対して、根拠の乏しい単なる個人的な意見を書くのではなく、コーチングに関する知見を取り入れ、課題の本質に気づいた上で、文章を書くためである。「対課題型」文章を書くためには、知識のストックが不可欠である。この点については後述しよう。

　次に示すのは、1週目のワークシートの設問項目である（**表4**）。

表4　第1週ワークシート設問（資料2および解答欄は省略した）

1.　資料1…個人ワーク①
（1）　コーチの話は4つの段落から構成されています。例にならって、それぞれの段落に見出しをつけ、そこに書いてある内容が一言で分かるように整理してください。 （2）　コーチの悩みは何ですか？　ポイントを2つ指摘してください。 （3）　コーチの悩みに対して、あなたの部活動などの経験を踏まえながらアドバイスをしてください。
2.　グループワーク①
（3）に関して、グループでディスカッションしてください。 　その際、あなたと違う意見が出てきたら、それをメモしてください。
3.　資料2…個人＆グループワーク②
（1）　重要だと思うところに下線を引きながら資料2を読んでください。 （2）　監督の話を2つに分けると、どこで切れるかを指摘してください。 （3）　監督の話の内容が一言で分かるような見出しをつけてください。 （4）　監督の話の2つの内容を、それぞれ要約してください。

4. 個人ワーク③
【資料2】の内容を踏まえて、「望ましい指導とは何か？」という問題に対して、以下の様式に沿って自分の考えを書いてください。

　こうしたワークシートは、複数の教員が共通教材のもとで、同一内容の授業を行うためには不可欠の大変重要なツールである。特に、指示（＝設問）が曖昧だと、授業の流れはとたんに悪くなる。したがって、事前の打ち合わせでは、ワークシートの構成と授業案にかなり気を配るようにしている。

3　授業の特色

　以上の説明から、授業設計および進め方の具体的なイメージが理解できただろうか。それでは、ここで本科目の特に重要なポイントをまとめた上で、各項目について説明しよう。

　①本科目は、「正しい日本語」を習得させるというリメディアル的な観点をこえ、本学部のディプロマ・ポリシーを意識した上で、ジェネリックスキル、特に「知識活用力（リテラシー）」の育成を目指している。

　②本科目では、知識活用力（リテラシー）のプロセスを「情報分析→課題発見→構想→表現」と捉え、そのプロセスを段階的に習得させるプロセス・ライティングの方法をとっている。特に、文章やグラフの読解に力点を置き、情報分析・課題発見のプロセスを重視している。

　③グループワークなどのアクティブラーニングを組み込んでいる。そのことで、情報を自らが分析し課題を発見するという「気づかせる」タイプの教育観に基づいた授業を行っている。

3.1　文章表現科目の教育目標について

　本学の学生の多くは文章を書くことに苦手意識を持っているだけでなく、

実際に、文章の書き方を高校までに習得していない学生も多い。主述の対応や文体の統一、段落一字下げといったルールを知らないだけでなく、中には句読点のルールすら知らない学生もいる。こうした学生に対しては、まずリメディアル的な観点から、日本語の書き方のトレーニングが必要であることはもちろんである。

　ただし、「日本語を正しいルールで書ける」ことは、大学における文章表現科目としては必要条件とは言えるが、十分条件ではない。日本語表現の正しいルールを学んだからといって、学生は質の高いレポートを書けるようになるわけでもなく、社会で必要な文章表現スキルが身についたとも言えないのである。むしろ、大学における文章表現科目とは、たとえ初年次科目であっても、リメディアル的な観点だけでなく、大学や学部が設定する目標人材から達成目標が設定されるべきである。

　本科目も、「大学教育を通じて警察官を育成するためには、学生にいかなる日本語リテラシーを習得させるべきか、そして、そのためには1年次にどのような教育が必要か」という観点から達成目標を設定している。

　ここで、警察官という職業を少し考えてみよう。まず、警察官にとって、「書類作成能力」はかなり必要度が高い能力である。警察官は調書作成のために客観的かつ論理的な文章力を要求される。また、ほかの自治体等との連携や人事交流が増える中で、企画書作成の機会も増えている。自治体に出向すれば安全・安心まちづくり条例などの策定に関わることもある。このように、大卒警察官には、部署の移動を繰り返しながら、さまざまな仕事をこなす力が要求されている。こうした仕事に対応できる人材とは、論理的な文章作成能力や、新たな課題に対して常に解決策を考えられる学習能力と課題解決力を持った人材であろう。警察官採用試験に必ず小論文が含まれるのは、このような理由があるからだと解釈できる。

　ここで、福岡県警の小論文科目の過去問を見てみよう。

表5　福岡県警採用試験（大卒）過去問

平成22年度《第1回》……【時間】60分　【字数】1050字以内
福岡県警察は、「県民の安全・安心の確保」のため、「力強い警察活動」を推進していますが、それを踏まえた上で、あなたが警察官となった場合、何をなすべきかについて考えを述べなさい。

　福岡県警の課題は、毎年このような傾向のもとで出題されている。これはあきらかに「対課題型」の文章が要求されていると言える。ちなみに、警察官になった後の昇任試験でも同じ傾向の小論試験が出題されるという。

　ほかの都道府県の県警でも、このような「対課題型」課題が出題されることが多い。他方で、「過去に達成感を得た経験と、その経験を警視庁警察官としてどのように活かしたいか述べなさい」（警視庁、平成22年度）といった「対自己型」課題を要求する県警も存在する。ただし、「対自己型」文章を書くためにも、まず「対課題型」文章が書けるようになるべきである。

　さて、福岡県警の「対課題型」課題は次の4点が問われていることが分かる。①志願者が県の治安情勢や県警の課題等の情報にアクセスできているかどうか、②それらの情報を理解・分析できているかどうか、③そうした情報を踏まえた上で、当事者意識を持った課題解決策を提案できるかどうか、④それらを1,000字程度の文章で論理的に表現できるかどうか、である。つまり、この課題は文章表現のプロセスとして必要な「情報収集力」「情報分析力」「課題発見力」「構想力」「表現力」のすべてが要求されていると解釈することができる。

　これらの能力は、警察官特有の知識やスキルというよりも、特定の職業を超えて必要とされるジェネリックスキルであり、とりわけ本書で提起する日本語リテラシーそのものである。だからこそ、本学部では、初年次の文章表現科目の段階から、知識活用力に重点を置いた日本語リテラシーを育成する必要があると考えているのである。

3.2 本実践におけるプロセス・ライティングについて

　前述したように、「自分の考えを論理的に述べる」とか「課題解決のシナリオを構想する」能力は、「特定の仕事に限定されない基礎的な能力」であり、大学において習得すべきジェネリックスキルである。

　かつては、こうした能力は受験勉強によってある程度育成され、そのストックをもとに、大学教育を通じた副産物として育成されたと考えられる。しかし、学生の多様化に伴い、前述したように多くの大学で入学時のジェネリックスキルが不足する学生が増加した。中教審の学士力答申において、学士力のひとつの要素として、「汎用的技能」の育成が位置づけられたのもそうした背景を踏まえてのことであろう。いまやユニバーサル時代の大学においては、学生に一方的に知識を与えるだけで、結果として学生が汎用的技能をいつのまにか習得している、ということは考えにくい状況が生まれている。

　では、どうすればジェネリックスキルは育成されるのか。たとえば、近年多くの大学で導入されているPBL（Problem/Projetct Based Learning）やプレゼンテーション教育はどうだろうか。

　確かに、講義等で獲得した知識を活用することをねらいとするPBLは、深い学びへとつなげられる可能性のある授業形態である。しかし、初等・中等教育を通じて獲得されるべき知識のストックが欠けている本学の1年生に対して、いきなり「自分の意見を主張しろ」とか、「新しいアイデアを提案しろ」といった課題を与えても、浅薄な内容しか生み出すことができず、さらには高いストレスを感じて学習へのモチベーションが下がることが多い。しかも、論理的思考力や課題解決力という学習成果が得られることもない。本学の学生に対しては、ジェネリックスキルをより意識的・段階的に習得させる必要がある。

　そのための方法が、文章作成のプロセスを「情報分析→課題発見→構想→表現」といった一連の知識活用のプロセスと捉え、そのプロセスを段階的に習得させるプロセス・ライティングである。本科目ではこのプロセス・ライ

ティングを一学期に4回繰り返すことで、学生自身が文章表現のプロセスを自分で回しつつ文章を書けるようになることを目指している。それが日本語リテラシーの習得につながると考える。

　ところで、このようなユニット型の授業を行うためには、綿密な授業設計と同時に現状把握（形成的評価）も重要となる。教材、ワークシート、授業案、ルーブリックなどの事前の準備は不可欠であると同時に、毎週ワークシートを回収し、学生が途中で躓いていないかを確認することも、それと同じくらい大事である。実際、見込み違いは毎週ほぼ起きる。それにすぐに気づくことによって、「あとの祭り」となる前に、翌週の授業を修正して取り返すことができる。またそれは翌年度の教材の改善へとつながるのである。

3.3　グループワークの導入について

　グループワークを組み込むことの意味は、学生の能動的な姿勢を育成することや、多様な意見を取り込み、より広い視点に「気づかせる」ことにある。文章表現科目でもグループワークを取り入れるのは、そうした目的があるからだ。

　たとえば、資料読解の場面でグループディスカッションを行うと、文章を複数の角度から理解できることに「気づかせる」ことができる。また、アイデアの構想の段階で、多くの学生の意見を黒板に書き出すといったブレーンストーミング的な作業を行うことも同様の効果をもたらす。

　ただ、それ以外にも、全員の学生に資料をきちんと理解させ、最終的な文章の質を向上させるためという理由もある。ワークシートを使って資料読解を丁寧に行ったとしても、文章の理解が依然として不十分だったり、課題解決のシナリオを考えられない学生は多い。そうした学生をそのままにしておくのではなく、グループワークを通じて資料内容を相互にチェックしたり、アイデアを共有することは、それらの学生に書くべきポイントを「気づかせる」ことになる。その結果、少なくとも全く文章が書けない学生はいなくなる。グループワークは、授業の途中で落ちこぼれた学生を要所要所で引き上

げる機能としても重要である。

　さらに、下書きの文章を相互に評価し合うピアレビューも行っている。学生用の簡単なルーブリック（第2部1章2節）をもとにこの作業を行うと、学生の文章からはミスが大幅に減り内容も向上する。他者の文章を評価し、文章の欠点にお互いに「気づき合う」ことは、教員が添削し、事後的に指摘する以上に、教育効果が高いのである。

4　まとめ

　以上、本学部の文章表現科目について紹介した。本科目は、科目開設からまだ2年半しか経過しておらず、教材やワークシートの見直し、ルーブリックの改善など、まだまだ課題は大きい。また実際には、授業についていけず、落ちこぼれる学生も少ないとは言えない。したがって、より多くの学生に教育効果を与えるために、授業方法の改善もより一層求められるであろう（たとえば、2013年度春学期には、ユニットの課題が合格レベルに達しなかった学生の補習を共同で行っている）。

　ただし、文章表現科目がどうあるべきかという大枠については、この2年間、教員同士で議論を行ってきた結果、教員間でほぼ合意されている。3年目もこの路線の延長線上にある。こうした教員間のコンセンサスがいかに形成されたかについては第3部4章で述べることとしたい。

　最後に、本科目の成果についてはまだ確定しているとは言えない。それは、今後、上位学年の専門科目担当教員からの評価や、最終的には学生の就職状況などを通じて明らかになっていくであろう。

　しかし、われわれの主観的な印象論で言えば、本科目が設置されていなかった学年に比べて、学生はきちんとした構成に基づいた論理的な文章が書けるようになっているように見える。本科目の期末試験の文章でも、われわれが十分満足する水準に達した学生も少なくない。

　われわれは、本学に入学してくる学生の日本語力の問題を、「正しい日本

【シラバス（抜粋）】教養特殊講義6（秋学期）

■ねらい

本科目では、大学1年生としてふさわしいレポートを作成するために必要な、読む・書く力と考える力の習得を目指す。特に、文章を書く上で必要なプロセスである、<u>与えられた資料を分析する、課題を発見・設定し、論理的な文章を構想でき、適切な日本語で自分の意見を主張できる</u>、というリテラシー（課題解決力）の習得を目指す。

■達成目標

(1) 論理的・課題解決型の思考を身につけ、それらの能力を活用した文章を800字程度で書けるようになる。
  ① 【情報分析】与えられた資料（文章・グラフ）を読み取れる。
  ② 【課題発見】設問のポイントを理解し、書く材料を見つけられる。
  ③ 【構想】他者と議論し、自分の意見を論理的にまとめることができる
  ④ 【表現】自分の意見を論理的（適切な論拠（理由、根拠）に基づいて）に主張することができる
(2) 誤字脱字、文体の統一、主述の対応、適切な段落構成等、日本語として正しい文章が書けるようになる。
(3) 自分なりに考えた800字程度の文章を書くことが楽しいと思えるようになる。

■授業計画

1　イントロダクション
☆第1ユニット（コーチング）〜さまざまな資料をもとに、課題に対して自分なりの解決策を提示できる。
2　資料分析1　コーチングに関する理論的・歴史的背景を知る。
3　資料分析2　コーチングに関する課題を知る。
4　構想＆表現　コーチングに関して、自分の意見を構想し、文章を作成する。
☆第2ユニット（日本のエネルギー政策）〜グラフ等のデータを読み取り、自分の意見を構築できる
5　資料分析1　日本のエネルギー政策の現状を理解する。環境と経済成長の矛盾を理解する。
6　資料分析2　各国のエネルギー政策について理解する。
7　構想＆表現　日本の今後のエネルギー政策について自分の意見をまとめ、文章を作成する。
8　中間まとめ＆復習　レポート返却　講評等
☆第3ユニット（新卒一括採用）〜さまざまな資料をもとに、反対側の主張を意識しながら自分の意見を構築できる。
9　資料分析1　新卒一括採用に関するグラフ等を読み取る。
10　資料分析2　新卒一括採用に関する是非に関する資料を読み取る。
11　構想＆表現　新卒一括採用に関する是非について、自分の意見をまとめ、文章を作成する。
☆第4ユニット（商店街の現代的意義）〜さまざまな資料をもとに、社会的な問題について自分なりの意見を主張する。
12　資料分析1　商店街衰退の背景を理解する。
13　資料分析2　活性化に成功している商店街の事例を知る。
14　構想＆表現　現代社会における商店街の意義について自分の意見を構想し、文章を作成する。
15　まとめ

■評価方法

ユニットで作成する課題点の合計（各15点満点、合計45点）期末試験（55点）の総計で評価する。そのほか、途中のワークシート提出等の平常点あり。

評価基準等以下省略

語が書けない」とか「語彙力がない」という観点のみで捉えるべきではないと考えてきた。学生の現状とは、「意見を述べるための知識が不足しており、意見を述べるための考え方が身についていない」のであり、だからこそ、課題解決に向かう思考プロセスを育成することが必要なのである。

つまりは、表面的な「日本語表現」ではなく、情報・知識の獲得と活用に向かうスキルと姿勢を育成するということである。この考え方が、本科目の授業設計の根本思想である。

注
1 本科目は、2012年度の時点では、藤勝宣(教授　教育学)、安藤花恵(准教授　心理学)、松本幸一(准教授　キャリア教育)、それに筆者(教授　国際政治学)の4名が担当している。2014年度から安藤准教授の他大学転出に伴い、藤野博行(助教　民法)が、新たな担当者として加わっている。

6章　図書館と連携する
立命館アジア太平洋大学の事例

桑原　千幸

この事例の特徴

実践例	重点目標	教育観	課題領域	プロセス	ユニット	協働	FD 等
6章 立命館アジア太平洋大学	Ⅲ	気づかせるから気づき合うへ	対課題	プロセス・ライティング	7週単位	グループワーク、レポートの相互批評	教員と図書館等職員との連携／協働

1　はじめに

　現代の情報社会・知識基盤社会においては、情報を検索・収集するのみならず、獲得した情報・知識を有効に活用して問題発見・解決をする能力が求められる。一方で、大学進学率の上昇と高等教育のユニバーサル化にともない、大学生の質は変化している。子どもの頃から携帯電話やインターネットに慣れ親しんでいるデジタル・ネイティブ世代には、これまでと異なる情報環境や情報リテラシー教育が必要となってきている。

　大学図書館の伝統的な機能は教育・研究の支援であるが、電子ジャーナル、データベース、インターネットといったデジタル化された情報資源の普及により図書館に来館する必要性が薄れる中で、コンピュータやネットワークを備えた「インフォメーション・コモンズ」が生まれた。また、図書館は

従来の利用教育を発展させ、デジタル資料の検索から利用までを視野に入れた情報リテラシー教育を実践してきた（加藤・小山 2012: 2）。近年では、学習理論が「知識の伝達」から「知識の創出・自主的学習」へと移行したことを反映し、ネット世代の学生の学習・生活行動様式にフィットした施設・設備の提供（米澤 2006）へと大学図書館のあり方がさらに変化してきている。すなわち、利用者の自律的な学習による知識の「創造」を目指す学習理論を反映した発展形態としてラーニング・コモンズが広まってきており（永田 2008）、日本の大学においてもラーニング・コモンズと呼ばれる施設が次々と開設されている（加藤・小山 2012: 204）。

　このような大学図書館の変化は、日本語リテラシー教育や初年次教育にも大きく関わる。河西（2010）は、ラーニング・コモンズの特徴として①図書館メディアを利用した自律的な学習の支援、②情報リテラシー教育とアカデミックスキルの育成、③協同的な学びの促進の3つを挙げている。日本語リテラシー科目と図書館の連携に話を置き換えるならば、①授業で必要となる情報メディアやリソースを図書館が提供する、②図書館や情報センターによるガイダンスや講習を授業に取り入れる、③アクティブラーニング型授業や授業外学習の「場」として図書館を活用するといった方向性が考えられる。

　実際に多くの大学において、情報・知識の活用能力とその言語化能力の育成を目的とした図書館との連携が行われている。東京海洋大学附属図書館では、「日本語表現法」などの授業や研究で必要なリソースを探す方法をWebサイトで公開している。京都大学では、論文・レポートを書くために必要な情報リテラシーを身につけることを目的として、複数の研究科の教員と図書館職員が授業を担当する全学共通科目「情報探索入門」を開講している（京都大学図書館機構 2011）。明治大学では、全学の学生を対象とした選択科目「図書館活用法」を開講し、教員と専門の図書館員がテーマを分担して座学と実習を組み合わせ、情報機器を使った実習やインターネット利用における倫理問題、著作権についての講義なども包含した内容となっている。大阪女学院大学の一年次必修科目「自己形成スキル」では、学生の「読み」向上の

ために「図書館活用教育」を取り入れ、資料の探索実習や書評の作成課題を通じて、学習リソース活用力の向上と図書館における自己形成の習慣化というねらいに取り組んでいる(手嶋・川崎・小松 2008)。大谷大学の必修科目「学びの発見」では、ティーチング・アシスタント(TA)やスチューデント・アシスタント(SA)の補助のもとで情報処理教室や図書館などを利用しながら、大学で主体的に学ぶための環境やスキルを体験していく形式がとられている(木越 2010)。大阪大学では、全学共通基礎セミナー科目「図書館パスファインダーをつくろう」を提供し、学生自身が「同級生に興味を持ってもらえるような情報発信をするというコンセプト」でパスファインダーの作成と公開に取り組んでいる(上原・赤井・堀 2011)。

　本章では、専門の学びにつながる情報・知識の活用能力とその言語化能力を重視し、図書館と連携した実践例として、立命館アジア太平洋大学の「新入生ワークショップⅠ」を紹介する。

2 事例の概要

2.1 対象者と状況

　立命館アジア太平洋大学(以下 APU と記す)は、大分県別府市にある大学で、日英二言語教育による国際大学として 2000 年 4 月に開学した。キャンパスの公用語は日本語と英語で、講義のおよそ 80％が日英二言語で開講されている。2012 年 5 月 1 日時点、世界 83 の国と地域からの約 2,500 名の国際学生(留学生)と、約 3,200 名の国内からの学生が学んでいる。

　APU の初年次教育科目のひとつである「新入生ワークショップⅠ」は、すべての新入生が履修する科目である。日本語基準と英語基準[1]の両方で開講されているが、本章では日本語基準クラスの事例を紹介する。同科目は高校から大学への「学びの転換」を図る科目であるが、新入生の能力とモチベーションはかなり多様であり、新入生アンケートでは約 3 分の 1 の学生が 1,000字以上の文章を書いた経験がないと答えている。また、多国籍・多文化環

境の大学ならではの特徴として、日本の高校を卒業した国内学生だけではなく、日本語基準で入学した国際学生も日本語基準クラスを履修している。

2.2 教員・運営の体制、組織化の工夫

2012年度春セメスターには、11の日本語基準クラスが開講された。教育開発・学修支援センターの初年次教育担当教員がコーディネーターとなり、実際の授業は新任や若手の教員等、必ずしも初年次教育を専門としない複数の教員が担当している。

「新入生ワークショップⅠ」の1クラスは60名程度であり、最初の30分は教員がクラス全体に対して講義を行い、その後5つの小クラスに分かれてワークショップ形式の演習を行うという形式をとっている。各小クラスには、ファシリテーターとして学部生TAが配置される。TAの果たす役割は非常に大きいため、採用に際しては、書類審査や必要に応じて面接が行われ、ケーススタディなどを含む事前研修も行われる。セメスター中にも、授業の展開に沿って、クラス運営の方法やライティング技術についての研修が行われる。

3 授業の構成

3.1 目的・目標の設定

この授業では能動型の学習を通した日本語リテラシーの獲得と、専門教育につながる情報・知識の活用能力の養成に重点が置かれており、到達目標として以下の6つのスキルと7つの態度の獲得が掲げられている。

【スキル】
(1)情報リテラシー：ICT(インターネットなどの情報通信技術)を利用して必要な情報を効率的に収集し、その信頼性を評価し、情報倫理に則って有効に活用するスキル
(2)リーディング：文章を効率的に読み、その内容を正確に理解し、批判

的に分析するスキル
(3)ライティング：文章で自分の考えを論理的に、筋道を立てて、分かりやすく表現し、伝えるスキル
(4)プレゼンテーション：口頭で自分の考えを論理的に、筋道を立てて、分かりやすく表現し、伝えるスキル
(5)ディスカッション：他者と情報や意見を出し合い、共通理解を深めたり、合意を形成したりするスキル
(6)ディベート：自分の主張に妥当な理由・根拠を伴わせて説得力を持たせるスキル

【態度】
(1)探究心：常に疑問を持ち、その答えを探って見きわめようとする態度
(2)熟慮性：情報を鵜呑みにせずに、じっくり立ち止まって考えようとする態度
(3)開かれた心：自分の知っていることが有限であることを自覚し、異なる意見・価値観や文化の存在を認め、それらに関心を持つ態度
(4)客観性：主観にとらわれず、客観的に、またはさまざまな立場から物事を見ようとする態度
(5)証拠重視：信頼できる情報源を利用し、明確な証拠や理由を求め、それらに基づいた判断を行おうとする態度
(6)論理性：感情をコントロールし、論理的に物事を考えようとする態度
(7)協調性：他者と協調・協働して学ぼうとする態度

3.2 授業の流れ

　授業のシラバスを**表1**に示す。プロセス・ライティングを取り入れ、14回の授業で与えられた課題に対する主張論証型のレポートを書くことを目標としており、前半7週のユニットではテーマの内容理解を目的としてグループ対抗討論会に向けたグループワークを行う。後半7週のユニットではレポートの書き方を学びながら、グループ学習と同一のテーマについて2,000

表1 授業の流れ

週	授業の概要	授業後講習会	課題
1	オリエンテーション；アイスブレーキング		自分の目標に関するエッセイ
2	ディスカッション&ディベートの練習	Word 講習会	学習テーマ別指定論文の読解
3	リーディング；グループ対抗討論会の準備		学習テーマ別指定論文の要約、テーマに関するほか文献の検索・要約
4	情報リテラシー；グループ対抗討論会の準備	文献検索ガイダンス	
5	ディベート；グループ対抗討論会の準備		
6・7	グループ対抗討論会		
8	ライティング(内容)		個人レポートの初稿
9	ライティング(引用)		
10	ライティング(推敲)；個人レポート初稿の相互批評	PowerPoint 講習会	個人レポートの修正稿
11	プレゼンテーション		
12・13	個人レポート発表会予選		個人レポートの最終稿
14	個人レポート発表会決勝戦		ふり返りエッセイ

字程度の個人レポートの作成とレポートの相互批評を行う。

4 活動事例

4.1 ディベートによる内容理解

セメスターの前半では、各小グループに対して『日本の論点』(文藝春秋)から教員がピックアップしたテーマが与えられ、テーマの内容理解を目的と

したグループ学習が行われる。以前は、レポートの書き方や形式を学んでからレポートを作成していたが、教育開発・学修支援センターを中心に行われた授業内容の検討の結果、「論じる内容がないと主張も引用もできない」ということで、グループ対抗ディベートの準備や課題を通じてテーマの理解を深め、その後にレポート作成の具体的な手法について学びながら個人でレポートを作成するという現在のスタイルに変更された。ディベート大会が近づいてくると、ラーニング・コモンズのグループ学習エリアでは、学生が集まりグループで打ち合わせや準備をするようすが見られる（図1）。

図1　グループ学習エリア

4.2　図書館と連携した課題

第3週には、課題として「学習テーマに関する他文献の検索・要約」が提示される。授業外にAPUライブラリー（図書館）による文献検索ガイダンスが開催され、学生はガイダンスをもとに各自のテーマに関して、図書、雑誌論文、新聞記事の3種類の文献情報検索を行うことが求められる（図2）。また、実際に自分の興味のある図書を借りて、ライブラリー・アシスタントブースで課題シートに押印を貰わなければならない。

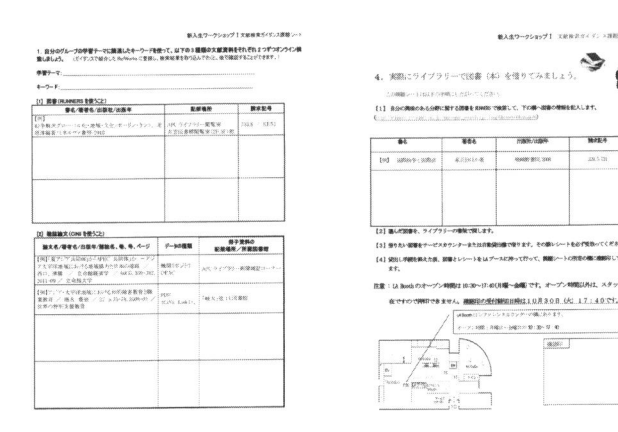

図2　文献検索ガイダンス　課題シート（イメージ）

4.3　そのほかのライブラリー利用促進策

　APUライブラリーにはライティング・センターがあり、日本語のライティングサポートは日本人チューターが、英語のライティングサポートは英語基準で入学した学生がチューターとして個別指導にあたっている(図3)。また、教員が特定のテーマでワークショップを開催することもある。「新入生ワークショップⅠ」の後半では、個人レポートの初稿や修正稿の提出前にライティング・センターを利用するように指導している。特に、国際学生に対

図3　ライティング・センター

114　第 2 部〈実践事例〉

図 4　FIX 講座ブース

しては、TA への相談やライティング・センターの利用が推奨されている。

　また、APU では学習支援講座として、公文式教材を用いて英語・数学・国語の 3 科目を自分に合ったレベルから学習する「FIX（Foundation Intensive eXercise）講座」が実施されている。FIX 講座のブースは APU ライブラリー 1 階に設けられており、指導者のほかに学生サポーターが常駐して個別のサポートが行われる（図 4）。国語力に不安のある学生に対しては、このような補助的プログラムの受講が勧められる。

5　実施してみて分かったこと

　以上、APU の「新入生ワークショップ I」を紹介してきた。プロセス・ライティングと専門につながる情報・知識の活用に重点を置き、ディベートや個人レポートのピアレビューといった協働的な学びを通して、課題に対する主張論証型のレポートを作成する力を育成する事例であると言える。

　授業による受講生の変化を探るために、2012 年度春セメスターの受講生に対して、到達目標に対応する自己評価アンケートが授業の事前と事後に実施されている。その結果、「インターネットなどを利用して信頼できる情報

を収集し、それらを情報倫理に則って有効に活用することができる」(「とてもそう思う」から「全くそう思わない」までの7件法) という設問に対する回答の平均値は事前4.48から事後5.50へ、「自分の意見を明確な理由・根拠とともに述べることができる」は事前4.12から事後5.08へと伸びを見せた。

また、「新入生ワークショップⅠ」の副次的な効果として、新入生の図書館利用数が例年の同時期と比較すると約1.5倍に増加している。単に利用者が増えただけではなく、新入生ワークショップⅠを通して学生は「図書館を使いこなす」ようになってきており、利用の質の面での変化が見られたとのことである。図書館利用教育は入学時のオリエンテーションでも行ってはいるが、大学の図書館は入りにくいと感じる学生は多い。そのような学生にとっては、「新入生ワークショップⅠ」の課題に取り組むこと自体が、図書館の具体的な利用方法を知り、図書館を使うことで自らの学習に対してどのようなメリットがあるのかを学んでいくプロセスであると言えよう。

6 おわりに

情報技術が進展し、情報・知識を活用し言語化する能力が求められる現代社会では、講義を行う教室だけではなく情報センターや図書館など、さまざまな組織と連携して、望ましい学習環境を検討していくことが必要である。知の蓄積と協働的な学びによる知識の創造を促進する「場」である図書館は、「新たな学習の場として高い機能を発揮し始め」ており(永田 2009)、初年次教育を担当する教員が大学図書館との連携を探ることには大きな意義がある。

一方で河西(2010)は、日本のラーニング・コモンズでは、教育や学習と密接に関わるラーニング・コモンズの中核となるべき学習支援機能が十分ではないことを指摘している。現場では、教員の側に初年次教育や情報リテラシー科目と図書館を結びつけることの困難さ、図書館員の側にはライティ

グ等を指導するスキル不足への不安といったように、依然として悩みや課題があるのが実態である（日本図書館研究会 2012）。日本型ラーニング・コモンズにおける学習支援の問題として、山内 (2011) は学習支援組織や組織を支える仕組みが存在しないことを指摘し、理解ある教員と図書館が連携して学内公式プロジェクトとして認知される必要があると主張している。現代社会に対応した日本語リテラシー教育と主体的な学びを実現するためには、教員と図書館や情報センターが連携し、さまざまな実践を通じて「知の活用重視」型の授業を展開していくことが求められると言えよう。

謝辞

本章で取り上げた事例につきましては、立命館アジア太平洋大学教育開発・学修支援センターの立山博邦先生へのインタビューをもとに記述しております。立山先生をはじめ、アカデミック・オフィスの野田啓子氏、ライブラリーの大勢美穂氏、その他の教職員ならびに学生の方々に、見学、インタビュー調査へのご協力をいただきました。ここに御礼申し上げます。

注

1 言語基準とは、APU 入学時のベースとなる言語のことである。国内学生の多くは日本語基準である。国際学生が日本語基準で入学する場合は、APU で定められた日本語能力の基準を満たす必要がある。

参考文献

加藤信哉・小山憲司 (2012)『ラーニング・コモンズ―大学図書館の新しいかたち』勁草書房.

河西由美子 (2010)「自律と協同の学びを支える図書館」山内祐平編『学びの空間が大学を

変える』ボイックス、pp.102–127.

木越康(2010)「意欲喚起系初年次教育「学びの発見」導入の経緯と問題点」財団法人大学コンソーシアム京都『2009 年度第 15 回 FD フォーラム報告集』pp.183–191.

京都大学図書館機構報(2011.7)『静脩』48(1): p. 5.

明治大学図書館　特色GP
　　http://www.lib.meiji.ac.jp/about/gp/index.html(2013/2/18 アクセス)

永田治樹(2008)「大学図書館における新しい「場」インフォメーション・コモンズとラーニング・コモンズ」『名古屋大学附属図書館研究年報』7：pp.3–14.

永田治樹(2009)「インフォメーションコモンズ・ラーニングコモンズ―新たな学習環境(場)の提供」『図書館雑誌』103(11)：pp. 746–749.

日本図書館研究会(2012)「日本図書館研究会研究例会(第 285 回)報告」
　　http://www.nal-lib.jp/events/reikai/2011/285report.html(2013/2/18 アクセス)

手嶋英貴・川崎千加・小松泰信(2008)「大学一年生を対象とする学習スキル教育とキャリア教育の融合―大阪女学院大学「自己形成スキル」の試みから」『大阪女学院大学紀要』5：pp.119–144.

東京海洋大学附属図書館「授業や研究のためのリスト」
　　http://lib.s.kaiyodai.ac.jp/list/(2013/3/20 アクセス)

上原恵美・赤井規晃・堀一成(2011)「ラーニング・コモンズ―そこで何をするのか何がやれるのか」『図書館界』63(3)：pp. 254–259.

山内祐平(2011)「ラーニングコモンズと学習支援」『情報の科学と技術』61(12)：pp. 478–482.

米澤誠(2006)「インフォメーション・コモンズからラーニング・コモンズへ―大学図書館におけるネット世代の学習支援」『カレントアウェアネス』No. 289：pp. 9–12.

7章　レポート作成と専門の知をつなげる
東京海洋大学海洋科学部の事例

大島　弥生

この事例の特徴

実践例	重点目標	教育観	課題領域	プロセス	ユニット	協働	FD等
7章 東京海洋大学	Ⅲ	気づかせるから気づき合うへ	対課題	プロセス・ライティング	15週	ピア・レスポンス	異分野教員協働、相互FD

1　授業のデザイン

1.1　どんな授業か

　この授業は、「1年生にレポートの書き方や発表・討論のし方を教える」ことを目的に開設された1年生前期必修科目（約300名を30〜50名のクラスに分けて教員各2名で担当）の例である[1]。論証型のレポートと発表の作成プロセスに、協働学習の活動を何度も取り入れ、「論理性のチェック」に焦点を当てている。その中では、図書館の協力を得て文献検索などのスタディスキルを導入し、今後の大学での学習・研究との関連を強調している。

　この授業が開設された2001年当時、筆者は主に留学生の日本語教育にのみ従事しており、日本人大学生の現状には疎かった。パニック状態で手探りの準備をする中で、第3部1章で述べる富山大や高知大の先行事例の情報を集め、他分野の教材の学習項目や手法を分類し、協働学習（第3部1章で詳

述)を日本語教育に取り入れていた池田玲子氏やパラグラフ・ライティングの専門家である加納なおみ氏らとともに授業設計を行った。その際には、本学(東京海洋大学海洋科学部)の理系の教員からの聞き取り情報、学内の図書館や情報処理センタースタッフの協力が大きな力となった。パニックから助力を求めたが、それが設計につながった。

1.2 なぜこのデザインを選んだか

　大学入学者の多くは、受験準備を通じて何も資料を見ずに400〜800字程度の小論文を書くことには慣れている。しかし、大学や職場でより多く求められるのは、あるテーマについて十分に調べ、問題点を見出し、その解決を目指すタイプの文章である。そこで、「情報・知識を活用するライティング」のプロセスを体験させるために、情報検索、情報のカード化、アウトラインの作成とチェック、引用、発表などのプロセスをたどり、各回に協働推敲(ピア・レスポンス、以下PR)の機会を設けて読み合い、コメントし合う授業設計を行った。しかし、言語の教員だけで行うと、「なんだ、大学でまた国語か」と思われてしまいがちである。そこで、中規模人数のクラスを学科の専門科目の教員と言語の教員の2名で担当するチーム・ティーチングとした。なお本実践は、大島・大場・岩田編(2009)等にも紹介されているが、本節では情報・知識の活用能力とその言語化能力を重視した「専門の知につなげる」事例としての側面に焦点を当てて紹介する。特に、主担当である言語の教員のみならず、専門分野の教員や図書館職員が1年生にどのようなメッセージを発しているか、1年生が授業活動から何を受け取ったかについて見ていきたい。

2　授業の内容と流れ

2.1　授業の流れと留意点

　本実践は、「情報・知識の活用」を目指したレポートのライティングのプ

ロセスの中に、スタディスキルとPRを入れ込んだ点に特徴がある。特に「情報・知識の活用」「論理性とその協働推敲による相互チェック」の部分に重点を置いている。活動は文章作成の段階に応じてユニット化されており、マップ、カード化、アウトライン2回、下書き、発表、清書という流れのほぼ毎回に協働学習の活動が盛り込まれている。各回の授業は「知識導入→作業指示→作業（宿題の頭出し）→翌週提出→翌々週フィードバック」の流れとなっている。本実践を「専門の知につなげる」実践と呼んでいる理由は、こういったレポート作成プロセスの中での、大学での学び方、大学で必要な文章表現について強調しているためである。表1の右欄は、各回の授業で強調しているポイントである。特にこの部分のメッセージは、学生の所属学科の専門分野の教員から、高年次のレポートや卒論、仕事の中で必要な文書作

表1　授業の流れ

週と内容	活動	「専門の知」につなげる要素
1〜3週： 導入、構想と情報検索	構想マップのPR、図書館職員による情報検索の指導	レポートの目的・作文との違い、CiNiiなどの、検索情報の信憑性
4〜6週： 情報のカード化と問いの切り出し、アウトライン作成	「問いと答え」構成表と目標規定文の作成、アウトラインPR（2回）	調べた情報から問題提起することの重要性、事実と意見、論証の構成
7〜9週： パラグラフ・ライティングの指導	中心文・主張と根拠の構造を意識した文章作成、引用文・図表の説明文の作成の練習	主張と根拠、引用と剽窃、出典の明示
10週： 推敲・点検	下書きのPR、メタ表現の挿入	推敲のポイント
11〜13週： 口頭発表とその練習	スライド作成と発表リハーサル、発表と相互コメント	質疑応答
14〜16週： 点検、ふり返り、筆記試験	悪文や表記ルール違反の修正、清書段階のPR アンケート記入、言語的側面についての筆記試験	点検のポイント、これから大学で書く文章ジャンル（学術論文との共通性）

成とからめて説明している。情報検索部分は、図書館職員が授業に来て資料を配布して説明している。学生はちょうど各自のテーマを絞り出す時期に当たるので、単なる図書館利用のガイダンスよりも真剣に聞いている。

3　この事例で用いた活動

　この実践では、「書き始める前に内容を練り、論旨を組み立てる」「お互いに論理性をチェックする」ことを重視した。そこで、一連のレポート作成プロセスの中から、アウトラインと発表段階での協働学習を紹介する。

3.1　活動①レポートのアウトラインを協働で推敲する
　　　　—活動の手順とその中での発話

　アウトラインを宿題として作成し、以下の手順で協働推敲を行った。下記の「＝」の部分は、その中で現れた特徴的な発話である。
①お互いが書いたものを読み合う（書き手が読み手にざっと説明）。
②読み手は、理解したことを再生する＝「つまり、言いたいのは〜ってこと？」「むしろ〜ってこと」といった確認と説明の会話が繰り返される。
③読み手は、書き手に質問・コメント・要望を述べる＝「〜について、もっと書いてよ」のように、読み手から情報提供を行うこともある。
④書き手は、読み手にさらに質問する＝「〜のところ、どう？　分かった？」。もらったコメントや直すべきことを「ふり返り」シートに書き込む。原稿にマークを入れたり修正したりする。
　読んですぐに意見を述べさせるのではなく、再生と確認を重視している。

3.2　活動②発表への相互評価をレポート推敲に活用する
　　　　—活動の手順と留意点

　後半のレポート下書きと清書の間の段階で、学生全員に1人5分の口頭発表を課し、発表がない週には、司会やレジュメ配布などの係を担当させてい

る。個々の発表には参加者全員が記名でコメントしたシートを提出する。発表者はコメントシートを受け取り、清書でのレポート修正に活かす。その際に「コメントをくれた聞き手を評価する」ことで学生間の「面子の脅かし」の軽減効果をねらっている。

　学生のふり返りシートからは、このコメント交換の活動を経ることで「下書きの段階では、自分の主張がはっきりしていなかったため、自分の主張が読み手にきちんと伝わるように直した」「クラスの子から出た反論に対する反駁をいくつか付け加えた」「動機の内容を細かくした→レスポンスに"動機が矛盾してる"とあったため」など、発表でのコメントをレポート修正に結びつけていることがうかがえた（大島 2011）。

　コメントを分析すると、「題目のテーマに対する回答は？」「BOD などで言えば、確かにマヨネーズのほうが汚濁してるように見えるが、毒性について洗剤の方が大きいのではないか」「航路を規制したら、人々の生活に弊害が出るのでは？」といった、話し手の論証の細部を把握しつつ立脚点自体を問うような質の高いものを多く出す学生もあった。レポート完成の前段階での発表への相互コメントの書き込みは、発表者である書き手への具体的情報要求となっていた。書き手はそこから聞き手の興味・疑問を把握して選択的に修正に取り込み、あるいは聞き手からの反論や論証の弱点の指摘を選択的に取り込むことで、レポートの整合性を吟味し、構成の修正につなげていたことが分かった。また、発表者全員に対してコメントを真剣に書くことは、発表の論証を追いかけ再考する訓練でもあった。

4　実施してみて分かったこと

4.1　学生のふり返り記述に見られる気づき

　毎回の提出用シートや最終日のアンケートから、レポート作成の各段階で学生がさまざまな気づきを得たことが分かる。たとえば、「調べる・練る」段階での大学の「図書館」機能への気づき、「組み立てる・書く」段階での

情報・知識の活用の難しさへの気づきなどである。

　レポートを書くプロセスを観察すると、取り組み方にいくつかのタイプがあることが分かる。この実践では自ら「問いを切り出して」情報検索に当たるが、テーマにぴったりの資料が見つからない事例、資料が多すぎて溺れる事例が見られた。捕鯨や外来魚放流などの賛否が対立するテーマでは、特定の本やサイトでの情報の偏りへの気づきが見られた。

　レポートの談話展開を調べたところ（大島 2010）、成績評価下位のものでも、何も調べずに主観的コメントだけ述べたために説得力が低まったわけではなく、むしろ、書き手が調べた情報をどう解釈したかを文章中に十分に表現しきれず、論証に飛躍が生じていたことが分かった。一方で、成績上位の者は、引用した情報を論旨展開にどう利用したかが明瞭に言語化されており、結果的に論理性を高く説得力があるとみなされやすいことが確認できた。このことから推察すると、たとえば400字程度の体験をもとに主張する意見文と、本実践の対象のような長文のレポートとでは、根拠に対する評価・解釈を文章中に配置しながら結束性を保つことの難度が異なると言える。書き手を「専門の知」につなげるところに導くには、難度は高くとも多くの情報から問いを切り出し構成を練るプロセス自体を経験させる必要がある。

　この実践のレポートでは、情報収集をもとに主張を展開する課題であったため、たとえば本などの印刷物に対して、「ありのままを受け止めていたけど、人物の主観が入ることを忘れてはいけないと思う。でも、インターネットよりは正確」「当たり前ですが、本に載っていることも別な本を参考に書かれていた。あまりちゃんとした根拠のないことも書かれていると思った」「本では情報が新しすぎて読めなかったが、新聞は社によって内容が異なるのが分かった」といった情報源としての評価や利用意識の変化が見られた。インターネットに対しても、「早く情報が集められるので、便利だった」という実感がある一方で「情報がいろいろあるから吟味しなくてはいけない」「信憑性が本に比べ低い」という認識ももたらされた。

「チーム・ティーチング」については、教員一人でもよいという少数意見もあったが、「専門的なことと言語的なこと両方について聞けてよかった」「専門科目の先生には資料をどこで入手すればよいか教えてもらい、参考になった」といった「使い分け」意識が読み取れた。

協働学習で話し合うことのよい点としては、「自分とは違った意見が聞けた」「迷惑がかからないように課題をしっかりした」「他者の視点で物事を見ることができる」「レポートに書くことが増えたり、新しい情報を得ることができた」「同学科の人と仲良くなれる」「単なる友達ではなく、お互いに影響を与え、お互いに知識を高める相手だと思った」などが挙げられ、他者からの／他者へのコメントを通じて学ぶ機会となっていることが確認された。

一方、悪かった点としては、「あまり活発な話し合いができなかった」「話がずれてしまい、盛り上がってしまったりして他人に迷惑をかけた」「相手の主張が強いとわけが分からなくなった」などがあった。ピア・レスポンスは、組み合わせによって必ずしも効果を上げないケースもある。したがって、ペアを変えた上での複数回の実施、うまくいかなかった活動の意義づけの促しが必須であり、それを欠くと「人と話さないほうが文章はうまくいく」といった信念に至る可能性もないとは言えない。

科目全体に対しては、「前期の科目で一番大変」といった負担感はあるものの、「入学直後にやることで、これからのレポートの書き方を理解できた点」への評価が高く、「専門の知」につなげる場としての役割をある程度果たしたと言える。

4.2　成果と課題

以上、「専門の知につなげる」ための日本語リテラシー育成という視点から本実践をふり返ると、多くの学生が「図書館や専門の先生、クラスメートとの話し合いは活用できる」という実感を持てたことが確認できた。1年生の学びを観察することには、大学での教育への情報提供としての効果もある。特に図書館は、担当者が毎年のアンケート結果を分析し、大学図書館の

利用度や図書館への評価とその学生のレポートのテーマとをクロスで分析し、不足とされた分野の概説書を買い足すなどの努力を続けており、「専門の知につなげる」支援の場として機能している。

　内容面・構成面の吟味については、学習に成功した学生は、「海・食・環境」について自ら調べた情報を、構想・構成・執筆の過程でのピア・レスポンスや口頭発表での相互コメントの中で何回も用い、説明していた。その取り込んだ情報への自らの評価をより確固たるものにしていく様子が、前述のレポートの談話分析（大島 2010）の結果から観察された。一方で、この授業での学習が「実験レポート」や自然科学の卒論のような型の異なる文章に効果を上げているかどうかなど、まだ検証の必要な面は多々ある。協働学習の効果の意識化は、前項で述べたように不安定な要素もある。とはいえ4年生や卒業生に問うと、「エントリーシートや仕事にも役立った」という声はあり、応用の可能性は高いと考えられる。

注

1　ここで紹介したコースデザインは、担当講師全体の討議の結果（ピア・レスポンスは池田玲子氏、影山陽子氏の発案であり、パラグラフの指導案は、主に加納なおみ氏、大場理恵子氏の発案である）によるものである。個々の学習活動の詳細は、大島ら（2005）、大島・大場・岩田編（2009）を参照されたい。

参考文献

大島弥生（2010）「大学初年次のレポートにおける論証の談話分析」『言語文化と日本語教育』39号：pp.84–93.

大島弥生（2011）「大学生の文章に見る問題点の分類と文章表現能力育成の指標づくりの試み―ライティングのプロセスにおける協働学習の活用へ向けて―」『京都大学高等教

育研究』16 号：pp.25–36.
大島弥生・池田玲子・大場理恵子・加納なおみ・高橋淑郎・岩田夏穂(2014)『ピアで学ぶ大学生の日本語表現［第 2 版］―プロセス重視のレポート作成』ひつじ書房.
大島弥生・岩田夏穂・大場理恵子編(2009)『大学の授業をデザインする―日本語表現能力を育む授業のアイデア』ひつじ書房.

第3部〈今後の展開のために〉

「日本語リテラシー」を支える理論とその展開

1章 「日本語リテラシー」育成のための授業設計のポイント

大島 弥生

1 日本語リテラシー育成授業の展開

1.1 「日本語リテラシー」育成授業の設計のポイント

　日本語表現デザイン塾が主催した複数回のワークショップにおいて、さまざまな背景や経験を持つ科目担当者が集まって、限られた時間で授業のデザインを議論した際に、一種の「共通語」として以下のポイントが機能しやすかったのは以下の点だった。

　・3つの課題領域(対人・対自己・対課題)
　・3つの重点手法(「プロセス・ライティング」・「ユニット」・「協働」のどれをどのように授業に取り入れているか)

　そこで、本節では、上述のポイントやキーワードを用いて、実際の「日本語リテラシー」科目の授業設計のポイントを説明したい。

　本書での「プロセス」とは、授業でのレポートや小論文の作成、口頭発表を行う際に、完成したプロダクトのみを扱うのではなく、作成プロセス自体を重視して、そこに学びのための仕掛けを意識的に組み込む姿勢を指す。授業の説明において「プロセス・ライティング」という語を用いる場合は、プロセス・アプローチの理論を取り入れて、brainstorming, drafting, revising, editing などを行い、書き直しを重ねながら文章を完成させる手法を指すこととする。

「ユニット」とは、そのような「プロセス」を 15 週の授業に割り振る際に、ひとまとまりの活動として、たとえば 2 週単位、4 週単位、3 週と 5 週というように区切る、その「まとまり」のことを指している。

本節において「協働」という語を授業の説明に用いる場合は、授業への「協働／協同／協調学習」の考え方の取り入れを指す。大学教育への協同学習手法の取り入れを解説した Barkley, Cross, and Major（2005: 安永監訳 2009: 3–4）では、協同学習を「仲間と共有した学習目標を達成するためにペアもしくは小グループで一緒に学ぶこと」と定義し、「意図的な計画、共に活動すること、意味ある学習」の 3 つの特徴を押さえるべきであるとしている。杉江（2011: 1）は、協同学習の理論とは「主体的で自律的な学びの構え、確かで幅広い知的習得、仲間と共に問題解決に向かうことのできる対人技能、さらには、他者を尊重する民主的な態度、といった「学力」を効果的に身につけていくための「基本的な考え方」」を言うのであり、「グループ学習が即協同学習とはならない」ことを強調している。厳密に言えば、「協同」と「協働／協調」の語は、異なる背景や含意があり、両者の違いは、第 3 部 2 章で詳述する 3 つの教育観・指導観「教える・気づかせる・気づき合う」の違いにも反映されている（第 3 部 2 章参照）。本章では、1.5、2.3、2.4 で後述するように、特にライティングにおいて利用できる可能性の高い「ピア・レスポンス」に代表される協働学習の手法を中心に説明する。

1.2　高等教育での「日本語リテラシー」育成の近年の動き

「日本語リテラシー」の育成は、「日本語表現」「日本語技法」「文章表現」などの科目名で、近年広まってきている。このような「日本語リテラシー」育成授業は、筒井（2005）によれば、1980 年代の学習院大学、桜美林大学での試みを皮切りに、1990 年代前後に私立大学で新設され、国立大学に波及した。そして 1990 年代に高知大学、広島大学、愛媛大学等で必修科目化されて以来、各地でさらに展開が進んでいるという。

大学生に対する「日本語リテラシー」育成は、特に 1 年生に対する導入

教育に組み込まれることが多い。何らかの初年次教育を行っている大学は、2007年には97.0%に達し、その内容としてはレポート・論文の書き方などの文章作法が5点中4.69でもっとも重視されているという（初年次教育学会編2013）。井下（2008）は、大学における文章表現科目の変遷を黎明期、普及期、転換期、発展期に分類し、現在は発展期に当たるとしている。

この背景には、日本の大学の授業における「レポート」課題が、「日本語リテラシー」を高める上で十分な効果をあげるようには設計されていないという事情がある。たとえば、池田ら（2001: 122）は、日本の大学授業でのレポート課題における「旧来のやり方のまずい点」として、

①フィードバックがないため、学生は書くことを通じて学ぶことができない。

②コースの最後に一回だけ書かせるという単発的なやり方のため、学生に書くことのスキルが身につかない。

③「レポート」という単一のカテゴリーにすべてのライティングを押し込めているために、学生は目的に応じた文章の書き方を意識することを身につけることができない。

という3点を挙げている。このような指摘を見ると、日本の大学においては、意識的に学習者の日本語表現能力を高めるための課題開発やコース設計という発想が、広範囲の教員に根づいているとは言えないことが分かる。

大学生の「日本語リテラシー」は、単に「日本語表現」などの関連科目の中だけで養成されるべきものではなく、本来はすべての科目の中でのレポート作成や口頭発表を通じて高められていくべきものだろう。井下（2008: 4）は、大学での文章表現教育が目指すべきは「学生自らが主体的に書くこと考えることによって、学びをメタ的に俯瞰し、自分にとって意味ある知識として再構築することができる」「知識の再構造化」にあるとし、文章表現科目の教育目標において基礎の定義が不明確であり、「授業内容はひとつの授業枠でのコースデザインであり、大学4年間におけるほかの科目との連環は明確にはなっていない（井下2008: 17）」ことを問題として指摘している。その

上で、学士課程の教育内容を知識の広がり（専門性――一般性）と知識の質（生産的―生成的）の二軸で区分けした4領域において、「知識叙述型」と「知識構成型」の2つのライティング方略を取り入れた授業を類型化している。そして、授業類型の解説の中で、「ベーシック・スキル習得型授業」と「基礎演習型授業」で取られる知識叙述型ライティングの方略から、「知識の構造化を支援する講義型授業」と「ディシプリン習得型授業」（卒業論文・研究計画書）における知識構成型ライティングの方略へと発展する流れについて考察している。

たしかに、大半の大学では学士課程のカリキュラム全体とライティングの能力の発達とを結びつけた授業の配置を行うところまではいっていない。後述するように、担当者によってシラバスデザインもまちまちであるのが実情であると言える。他方で、第2部の九州国際大学や日本文理大学の事例のように、大学や学部のディプロマ・ポリシーがうたっているジェネリックスキル（汎用的技能）の育成を「日本語リテラシー」科目こそが担うという発展的側面も、この科目は有している。

そのために多くの大学では、上述のような科目を改めて設置する動きが広まったと言える。その中で問題となってくるのは、「何を、誰が、どう」教えるのか、ということである。

1.3 「何を、誰が、どう教えるのか」の「誰が」について

まず、「誰が」についてだが、この分野は専門的な従事者がほとんどいないことがむしろ特徴となっている。学部全体から自然科学を含めたさまざまな分野の教員が集まり、実施するというケースも多い。少人数の1年生ゼミを複数開講する場合や、学内から集まったさまざまな専門分野の教員が担当する場合は、授業内容の共通化をクラス間でどう実現するかが課題となる。共通マニュアル作成の努力や、コア部分となる共通内容の設定が必要となってくる。この問題の解決のため、言語担当の教員と専門分野の教員とのチーム・ティーチングを行った実践もある（大島2005、本書第2部7章の事例）。

学習者と同じ学部・学科の教員が担当する場合は、言語表現科目での学習内容と、その後の専門の中で要求される文章表現との隔たりは、おそらく相対的に小さいと考えられる反面、言語教育のコースの設計経験がなく、講義形式に慣れた教員にとっての授業設計と運営の負担は大きいだろう。また、教員世代は体系的な文章表現教育を受けてきていないことが多く（欧米留学などでアカデミック・ライティング教育を受けた者を除き）、個々の出身分野の中での非明示的な論文指導に由来する、文章やその教え方についてのビリーフス（教育信念）を持っていることも多いと考えられる。

　一方で、学習者と異なる専門の教員が表現法的科目を担当する場合もある。たとえば、国語教育、日本語教育、テクニカル・ライティング、創作、教育工学などの出身者のケースがある。これらの場合は、言語表現そのものの訓練に関しては経験がある場合が多いだろう。しかし、当該学部・学科の専門分野で要求される言語表現と、教員自身の出身分野のそれとは必ずしも一致しているとは限らない。そのため内容は、社会生活での言語表現などを視野に入れた一般的なものとなるか、教員自身の言語と言語教育に対するビリーフスが反映されたものとなる可能性が相対的に高い。

　このように「誰が」を決める混乱にともない、「日本語リテラシー」育成科目の設計においては、複数の担当者間のビリーフスのすり合わせから始まり、講義形式の授業からの切り替え、共通シラバスや教材の作成などの長い共同作業が必要となってくる。特に、コーディネーターの立場になった教員の負担は大きい。これらの混乱と負担の軽減が、本書の執筆メンバーである「日本語表現デザイン塾」が教員向けワークショップを開催した動機である。本章では、次節以降でシラバスや課題、教室活動の設計について紹介し、担当者間のビリーフスのすり合わせに役立つ教育観・授業観の整理については、次章で説明する。ビリーフスのすり合わせに際しては、教育手法のみならず対象学生の「日本語リテラシー」能力の把握自体が同僚間で異なっていることもあり、授業設計と運営の困難点となることも多い。

1.4 「何を、誰が、どう教えるのか」の「何を」と「どう」について

つぎに、授業の中で「日本語リテラシー」の「何を」を重点的に取り上げて教育しているかについてだが、これは「誰が」すなわち授業設計者がどんな分野の出身者かに大きく影響を受けていた。そして、「何を」の選択は当然「どう」の選択にも影響を与えている。

以下では、1980年代以降に大学教育、国語教育、日本語教育等に発表された事例報告をもとに、従来の実践の傾向を仮に分類してみる。なお、多くの事例は実際には複数の立場にまたがった内容を有してはいるが、ここでは傾向の把握のために特徴的部分を強調して説明している。その後、それぞれの立場からの教材が相次いで出版されており、現在では、授業者の出身分野にかかわらず、採択した教材に授業設計が強く影響されているのではないかと思われる。

① 「論述作文」系列

ここで言う「論述作文」系列とは、1980年代初頭の一般教育学会における課題研究部会「大学教育における論述作文(expository writing)、読書及び対話・討議に関する意味づけと方策」の一連の活動成果として公表された実践を指す。読み書きを、大学教育にとっての補助的手段の補強にとどまらず、「教養」の育成、究極的には人間形成に関わる問題の打開につながるものとして見ている点に特徴がある。

② 「言語技術」系列

ここで言う「言語技術」系列とは、「パラグラフ・ライティング」を推し進める実践を指す。人に伝えるコミュニケーションの手段の育成として文章表現教育を捉え、木下是雄の強調した「序論・本論・結論」「目標規定文」を重視している。この流れは、テクニカル・ライティングの指導、高橋昭男の提唱する「仕事の文章」、向後千春の提唱する「実用文」の指導につながる。

③ 「スタディスキル」系列

ここで言う「スタディスキル」系列とは、単なる文章表現指導の枠を超え、認知科学や教育工学の成果を踏まえて、学習のための技術としての言語

表現指導を目指すものを指す。近年、初年次教育（基礎ゼミナールなどを含む）の中で取り上げられることの多い系列である。ノート・テイキングやプレゼンテーション、情報検索などのスキルと組み合わせた活動の紹介も多い。プロセス・アプローチの理論に基づいて、単なるスキル養成にとどまらず、大学で学ぶ「知識の再構造化（井下 2008）」のためのライティングへと発展していく方向もある。

⑤「専門日本語」(JSP)系列

　ここで言う「専門日本語」(JSP)系列とは、大学院留学生対象の日本語教育を中心に行われている手法で、英語教育における ESP・EAP のジャンル分析の手法を採用し、分野別語彙の選定や論文頻出表現の分類、アカデミック・ライティング教材の作成などで実績をあげている。

⑥アカデミック・ジャパニーズ(AJ)系列

　ここで言う「アカデミック・ジャパニーズ」(AJ)系列とは、学部留学生、さらには日本語母語話者大学生までを対象と捉えた日本語表現能力育成の動きを指し、言語表現の練磨を通じた論理的・批判的思考能力の育成を強調する点に特徴がある。また、留学生に対する実践に由来するため、講義の聴解場面で有用な表現やストラテジーの紹介も多い。

⑦「ことば」系列

　ここで「ことば」系列とは、主に日本語学を専門とする教員によって行われた、日本語の言語表現自体への注目の喚起を目指す実践を指す。たとえば助詞「は」と「が」の違い、読点の性質、副詞の表現効果、場面に応じた語彙の使い分けなど、表現レベルでの向上に力を入れる。文章レベルでは、文章構成の各種のタイプの紹介が詳しい。上述の②や③のスキルと同時並行で導入する形の教材も多い。

⑧「自己探求」系列

　このほかに、主に文学・文芸を専門とする教員によって行われている一連の実践の蓄積がある。読解においては鑑賞の重視、書くことにおいては「○○と私」といった自己表現や自己探究の重視に特徴がある。

このように、「日本語リテラシー」関連科目においては、さまざまな学習項目の取り上げ方がありうるが、実際には複数の系列の特徴を組み合わせた授業構成になっているものと思われる。

これらの先行事例などを参考に、「日本語表現デザイン塾」の教員向けワークショップでは、以下のような「チェックアンドシェア」の活動を行っている。まず、**シート1**には「何を」に当たるいろいろな授業活動や授業課題の例が載っている。これらの具体的な課題を教員自身の対象学生が取り組んだ際の難易度を個々に推測してマークしてもらう。これによって、具体的な学生のレベルやレディネスをその教員がどう捉えているかの把握ができ、抽象語彙で話し合うよりも、担当者間の教育観の違いについての情報共有が容易になる。**シート2**(5項目ずつ色分けされている)は、個々の教員が「何を」「どう」教えることを志向しているかを可視化するための自己診断である。まずはこれらの自己診断を通じて担当者のビリーフスを可視化し、そのシェアを行った上で具体的な授業設計や教材作成に入るほうが、抽象的な議論を続けるよりも効率的であろう。なお、シートの項目抽出は調査による検証を経たものではなく、日本語表現デザイン塾の担当者の話し合いの中で経験を整理して作成したものではあるが、実際に授業担当者ワークショップにおいて使用した際にも、具体的な題材から互いの志向性を知るには便利であるとの声が聞かれた。

シート1 〈チェックアンドシェア─学生状況〉 対象学生の状況を考える

Q1 以下の各項目について、対象学生の平均が位置する箇所に○をつけてください。
（実際にやったことがなくても、推測でかまいません）

番号	既に十分できる	少し訓練が必要	相当訓練が必要	難しすぎて困難	
1					漢字検定3級レベル（抽象、同様、悔やむ、怠ける等）の語の読み書き、使用ができる
2					漢字検定2級レベル（成就、推奨、憤り、脅かす等）の語の読み書き、使用ができる
3					漢字検定準1級レベル（允許、謬説、慮り、託つ等）の語の読み書き、使用ができる
4					「とか・じゃないかな・やっぱり」等の話しことばを混在させないで文が書ける
5					「なぜなら～からだ」「決して～ない」などの呼応表現を正しく用いられる
6					主述の非対応などの非文や悪文を読んで、適切な修正を行うことができる
7					「学生生活の目標」という題で400字程度の作文が書ける
8					「学生の自動車通学を制限すべきか」という題で800字程度の小論文が書ける
9					「国際社会における日本の役割」という題で1200字程度の小論文が書ける
10					科目担当の教員に宛て、病気のためレポート締め切りの延期を依頼するメールが書ける
11					サークルの歴代OBに宛て、学園祭でのOB会開催のお知らせのメールが書ける
12					他大学の教員に宛て、学園祭での講演依頼のメールが書ける
13					ジュニア新書『会社で働くということ』を読んで、読書感想文が書ける
14					新書『若者はなぜ3年で辞めるのか？─年功序列が奪う日本の未来』を読んで、ブック・レポートが書ける
15					新書『不平等社会日本─さよなら総中流』を読んで、ブック・レポートが書ける
16					自己の生活に対する内省・記録をもとに「我が家の食習慣」というレポートが書ける
17					クラスメートに朝食習慣のアンケートを行い、「若者の朝食」というレポートが書ける
18					白書や報告書を検索し、「若者の食習慣の変化とその原因」というレポートが書ける
19					家庭ごみ有料化に関する2つの投書を読み、自分の意見を400字にまとめる
20					温暖化対策に関する2つの社説を比較検討し、要約と意見を400字にまとめる
21					環境税導入の是非に関する2つの論文を比較検討し、400字の論説文にまとめる
22					「マンションでのペット飼育を認めるべきか」について1対1のミニ・ディベートをする
23					「日本政府は動物園を廃止すべきか」について、その場で3対3のディベートを実施する
24					「日本政府は野生動物保護を強化すべきか」の資料を調べ、5対5のディベートをする
25					初対面の学生同士で自己紹介し、お互いの情報や意見を交換しあえる
26					「私の故郷」について、5分間程度のスピーチを50人程度のクラスに対して行える
27					「A市の町おこし」について、図表を用いた10分程度の口頭発表を行える
28					「学食のおすすめ料理」という作文をペアで読み合い、感想や質問を交換しあえる
29					「高校の制服は必要か」という作文をペアで読み合い、質問や反論を交換しあえる
30					「高校の制服は必要か」という作文をペアで読み、相手の論旨を再生、弱点を指摘できる

Q2 どのような傾向が読み取れましたか。
Q3 授業をどこから始め、何を目標とするのが適切と考えられますか。

シート2 〈チェックアンドシェア―教育の志向性〉

以下、あなたの機関で想定する「文章表現」科目の内容に関する、必要性の認識について伺います。
あなたが初年次前期必修科目「文章表現」の担当者になったとします。
Q1 その授業の中で、下記の活動はどの程度必要だと思いますか。
　　当てはまる欄（ぴったりでなかったら、近いものをイメージ）に丸をつけてください。

番号	必須	やや必要	やや不要	不要	
1					漢字・語彙の訓練
2					日本語の文法の学習
3					間違った文や表現、悪文や分かりにくい表現を直す訓練
4					書きことばらしい表現の訓練
5					慣用句・ことわざ・四字熟語などの学習
6					社会的なテーマについて意見文や小論文などを書く
7					学生がこれから学ぶ分野について、抱負や学習計画を書く
8					自分史や自己の内面を表現する文章を書く
9					小規模なインタビュー等の調査活動を行い、報告書を書く
10					各自が調べたことについて図表を作成し、報告書を書く
11					マニュアルや道案内等の説明文を書く
12					社会生活上の実用文（依頼の手紙、行事の企画書など）を書く
13					出身地の宣伝やサークルの勧誘文など、他者にアピールする文を書く
14					エントリーシートなど、就職活動に必要な文書を書く
15					ワードやエクセルの使い方を学びながら、レポートや実用文を書く
16					毎週（または数週に1冊）課題図書を読んで、読書感想文を書く
17					課題図書を全員が読んでレポートを書き、文集にして読み合う
18					各学生が図書を選んで読んでレポートを書き、文集にして読み合う
19					新聞の社説などの論説文読んで要約し、批判的に検討する文を書く
20					白書や資料、データを読み解いて、それをもとにレポートを書く
21					大学の講義の要約文を書き、質問や感想、各自の意見を加える
22					学生の専門分野などの論文・レポートの書式や、特有の表現の学習
23					学生の専門分野などの論文の検索、読解と要約をする
24					学生の専門分野などの論文を読んでレジュメを作り、クラスで発表する
25					学生の専門分野などの論文を複数読んで、批判や比較をする書評を書く
26					特定のテーマでスピーチやポスター発表を行い、学生同士で質疑応答を行う
27					Web上で自校や他校の学生などと討論や相互コメント活動を行う
28					特定のテーマでグループ間のディベートを行う
29					グループで長期間かけてテーマ研究を行い、発表し、報告書を書く
30					海外の提携校の学生と、Webを通じて日本語や英語で意見交換をする

Q2 上の授業内容・学習活動のどの色の括り、または1～30のどの内容・活動を優先させますか。
　　選んで、順位をつけてください。各色は、実は以下のような括りで分かれています。
1-5「語彙・文法志向」　6-10「学びの基礎志向」　11-15「実用志向」
16-20「読解志向」　21-25「学術志向」　26-30「グループワーク志向」

1位(　　　　)2位(　　　　)3位(　　　　)4位(　　　　)5位(　　　　)
Q3 上記の優先順位をつけた理由は何ですか。説明してください。
Q4 上記Q1-3の答えを参加者同士で説明し、その活動を優先させた理由をお互いに質問をしてください。
Q5 「文章表現」の学習や授業に関して、教師間にどのような信念(ビリーフス)の違いがある(ありうる)か、自分自身はどのようなビリーフスを持っているか、それらのビリーフスは何に由来するか、気づいたことを書いてください。

1.5　プロセスを重視した授業設計と協働・協調・協働学習の取り入れ

　この分野で注目すべき手法として、書くことのプロセスを通じた論理的思考力の育成の重視がまず挙げられる。日本語ライティングの教材として早い時期にプロセス重視のアプローチを紹介した入部(2002)では、論理的文章を書くために、ソフトウェアの機能を活用しつつ思考マップ、構想マップ、構成、アウトライン、読み手からのコメント、推敲、編集、刊行していくプロセスを具体的に示している。井下(2008)でも、考えるプロセスを支援する指導法について提案がなされ、プロセスの中で学習者自身の気づきを促す重要性が指摘されている。実際に15週の授業に書くことのプロセスをどう落とし込むかについては、本節の2.2において詳述したい。

　一方で、書くことを通じて問題を切り出して考察する中で、批判的思考力を高めようとする試みが広まっている。同時に、認知科学や教育心理学の発展を受けて、協同・協調・協働学習の視点からの大学の授業設計への提案も増えている(杉江ら2004ほか)。さらに、ライティングの過程での学習者間の協調・協働学習を取り入れた青山学院大学の実践(鈴木編著2009ほか)、東京海洋大学海洋科学部の実践(大島2005ほか)が発表され、さまざまな専門に即した授業設計の提案も始まっている(大島ら編2009ほか)。

　大学教育への協同学習手法の取り入れを解説したBarkley, Cross, and Major (2005: 安永監訳2009)では、文章作成における協同学習の技法として、日誌を交換し合う「ダイアローグ・ジャーナル」、テーマに対する短い文章を書いて次の人に渡す「ラウンド・テーブル」、小論文の質問を交換し合い模範解答と比較する「ダイアディック・エッセイ」、相手が書いた文章を批判的

に読み、校正を加えながら論評する「ピア・エディティング」、グループでフォーマルな原稿を書き上げる「コラボラティブ・ライティング」、グループで批評しながら課題図書用の資料集を作成する「チーム・アンソロジー」、論文を書きプレゼンテーションを行って総合的なディスカッションを行う「ペイパー・セミナー」の7つを紹介している。

　日本語教育の中では、ピア・レスポンス(協働推敲、以下 PR と呼ぶ)に注目が集まっている(池田・舘岡 2007 ほか)。本節においては、書くことの指導が中心となる日本語リテラシー科目で用いやすい PR について、特に詳しく紹介したい。

　PR は、1970 年代以来、主に英語 L1 および ESL 教育の中で広まってきた作文推敲活動である。PR は、ピア・ラーニング(協働の概念に基づく学習)の作文学習における手法であり、「学習者が自分たちの作文をより良いものにしていくために仲間(peer)で読みあい、意見交換や情報提供(response)を行いながら作文を完成させていく活動方法」、「作文学習を従来のような教師の企図するゴールを指定した語彙や文法の学習のテストとしてではなく、書くことで書き手の中に涵養される思考力と、書き手と読み手の相互活動で発達するコミュニケーション力に重点をおく学習方法」であると規定されている(池田・舘岡 2007: 32–33)。このような立場から、池田(2004: 42–43)は、PR の意義は「書き手の目的、読み手、伝える内容といった書きの行為の全体性に視野をおいた学習方法である点」に加え、学習者自身による作文のコンテクストの創造、学習環境作りの行為としての「社会的関係性の構築」である点にあるとしている。

　上述の海洋大実践での調査では、PR の会話のうち、書き手(話し手)が十分に根拠のリソースとしての情報を準備していたケースにおいては、説明されたテーマに対し、その範囲、主体、効果、影響、コスト、具体策と代替案の有無、優先順位、事実認識、事例の選択といった立論の根幹に関わる質問が読み手(聞き手)からなされ、書き手(話し手)はそれに答えるために情報を配列しなおして強調したり、さらに新たな情報を会話に取り込んだりするこ

とで、議論を掘り下げるためのリハーサルを行うことができていた。

　たとえば、やり取りが活発だったペアでは、書き手の「中国の消費のせいで日本のマグロがなくなると報道が危機感を煽っている」というテーマに対して、聞き手が「でも、なくなるんじゃないの？」「中国…てゆう一情報を一聞いたよ」などの事実認識自体に対する非同意を、聞き手自身が取り込んだ情報から複数回提示したのに対し、書き手がそのつど「だからー、無くなる理由が問題で…私の言う意見としてはー、日本での対策なんか問われるべきだと思うの」などと反駁を繰り返すことで次第に焦点が絞られ、最後に「拡大していくっていうデータをマスコミから自分がもらったからといってー、ああ、そうなんだってー、普通に受けとめてるー、その危険性について書きたいの」という文章主題の再確認を引き出すに至った。これらのような会話は、応答が文章作成上の予想される反論の取り込みのリハーサルになっている例でもある。また、応答を契機に書き手がその情報をどう位置づけたか確認する発話も見られ、書き手は質問に答えることによってその情報の文章上での利用案を点検していることがうかがえた。

　また、口頭発表についても、大島（2011）は、口頭発表時における相互コメント活動およびコメントの取り込みのふり返りについて分析した。その中で、レポート完成の前段階での発表への相互コメントの書き込みは、発表者である書き手への具体的情報要求となっていた。書き手はそこから聞き手の興味・疑問を把握して選択的に修正に取り込み、あるいは聞き手からの反論や論証の弱点の指摘を選択的に取り込むことで、レポートの整合性を吟味し、構成の修正につなげていたことが分かった。つまり発表時の協働学習は、書き手にとっては発表が聞き手にどう聞こえたか、どこに興味・疑問を持つかを知るチャンスとなり、またほかの論証がありえるかどうかを再考するチャンスとなりえる。また、発表者全員に対してコメントを真剣に書くことは、発表の論証を追いかけ、再考する訓練でもあった。これには、口頭のコメントだけでなく書くことを通じて全員がコメントを課されたこと、「コメントの書き手を評価する」という指示で却って「発表者の面子の脅かし」

行為に対する言い訳ができたこと、などによる効果もあると考えられる。

2 「日本語リテラシー」育成授業の設計

2.1 文章の目的・ジャンルと3つの課題領域

　前節までは「日本語リテラシー」育成をめぐる近年の動きを見てきた。実際にライティングを中心とした科目の授業設計を行う際には、どのような考え方や手順で進めていけばよいのか。ここでは、ポイントとして「書く課題の目的とジャンル」、「プロセスとユニット」、「課題の設計と協働学習活動」という3側面から説明したい。

　まず、授業の中の書く課題の目的とジャンルという点について整理したい。

　授業で文章力を高めようと思ったときに、どのような課題を設定するだろうか。400字の「志望動機書」、「研究計画書」、「都会と田舎の生活の比較」「環境を守るために何ができるか」といった400字の小論文、読解資料と組み合わせた800字の小論文、課題図書の読書レポート2,000字などなど。Eメールや模擬エントリーシートという場合もあるだろう。教員の志向によって、選ばれる課題はさまざまだ。ここでは、改めて、課題の文章ジャンルの整理を行いたい。

　課題文章の選択に重要なのは、前節で述べた「どんな学生か」というレディネスやレベルの把握、「授業のゴールは何か」という目標の把握であることは間違いない。これに加えて「書くプロセスで何を学ばせたいのか」という、プロセスに着目した選択も考えられる。

　図1は、文章課題の目的とジャンルを整理したものである。まず、書く際に資料を参照するかどうかで、文章課題の難度や内容は異なってくる。資料参照がない場合は、個人の思い・経験や意見・知識を制限字数以内で述べることになる。一方、参照資料があれば（文字情報だけでなく、グラフや統計、図形や写真などの資料もありうる）、それを分析・検討した上で文章を

1章 「日本語リテラシー」育成のための授業設計のポイント

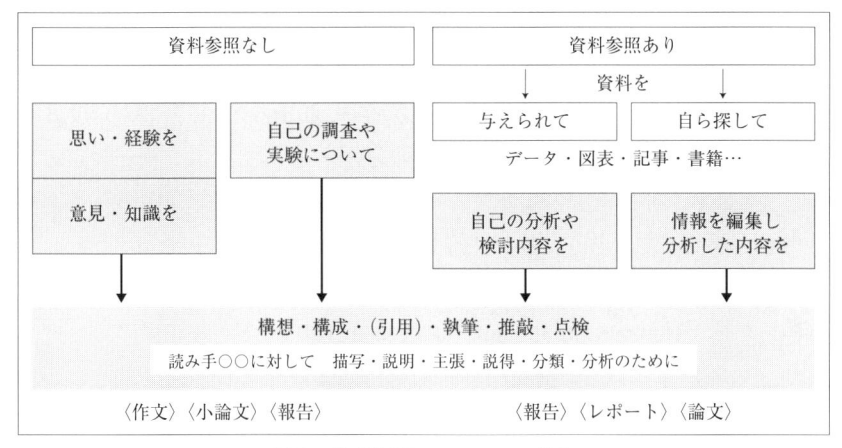

```
┌─────────────────────────┐        ┌─────────────────────────┐
│      資料参照なし        │        │      資料参照あり        │
└─────────────────────────┘        └─────────────────────────┘
                                              │ 資料を
                                    ┌─────────┴─────────┐
┌──────────┐  ┌──────────┐         ▼                   ▼
│ 思い・経験を│  │自己の調査や│    ┌──────────┐      ┌──────────┐
├──────────┤  │実験について│    │ 与えられて │      │ 自ら探して │
│ 意見・知識を│  │          │    └──────────┘      └──────────┘
└──────────┘  └──────────┘     データ・図表・記事・書籍…
                                   ┌──────────┐      ┌──────────┐
                                   │ 自己の分析や│    │情報を編集し│
                                   │ 検討内容を │    │分析した内容を│
                                   └──────────┘      └──────────┘
         │                                │                 │
         ▼                                ▼                 ▼
         構想・構成・(引用)・執筆・推敲・点検
         読み手○○に対して　描写・説明・主張・説得・分類・分析のために

  〈作文〉〈小論文〉〈報告〉                〈報告〉〈レポート〉〈論文〉
```

図1　書く課題のいろいろ：目的

書くことになり、資料の読解・分析能力が文章作成能力以上に重要になってくる。複数の資料を課す場合には、それぞれの資料の情報を比較・分析し、的確に引用しながら、自分の主張の中で利用するという、より難度の高い文章作成能力が必要になる。それらの資料を自力で検索するのか、教員から与えるのかによっても難度や時間配分が異なってくる。与えられた資料ではなく、自らの調査や実験の成果が資料となる場合は、調査や実験の可否自体が文章内容に影響してくる。モデルとなる文章の有無によっても難度は異なる。

　一般に言われる「作文・小論文・報告・レポート・論文」などは、上記のような条件の違いと同時に、読み手に対して何を行っているかによって規定される。同じトピックであっても、描写や説明が目的なのか、特定の主張や説得・分類・分析が目的なのか、その違いによって文章の構成や文体の適切性は異なってくる。大学教員にとっては当たり前の違いであっても、大学1年生はこれらを不分明なまま捉えていることが多いので、まずは「書く過程で、何をさせたいか・考えさせたいか」を明確にして課題にする必要がある。

　文章課題の領域は、対人・対自己・対課題とそれらの複合という形での分

類も可能である。たとえば、学習計画・志望動機、エントリーシートを書くための自己分析などは、主に対自己の思考を促す課題である。この課題遂行の過程では、自分自身をさまざまな角度から捉え直すための発問が重要となる。対人の課題にはEメールなどの通信文、サークルの勧誘文などの宣伝、高校生向けの大学紹介といった読み手を想定した文章が挙げられる。事柄を整理した上で、読み手の思考や目的を推測してそれに合わせて効果をねらって書くという配慮が求められる。依頼や断りのEメールなどでは、単に敬語や定型句だけでなく、相手に与える負荷や相手の行動の選択肢といった対人関係での想像力を膨らます必要がある。相手にどう読まれるかを知るには、前述のPR（協働推敲）活動による読み合いが極めて有効である。対課題であれば、ある問題状況を設定して解決策を提案する、数値や統計を含めた情報の読み取りをもとに分析結果を報告するなどのタイプが考えられる。この場合は特に、事実と意見を切り分け、主張には根拠をともなわせるといったアカデミック・ライティングの基礎と意識的に結びつけやすい。論理性の点検において、PR（協働推敲）活動の効果が期待できる。

　15週の授業を設計する際に、上述の各種の短い課題をいろいろ取り上げて違いを理解させるという手法もある。一方で、トピックは同一にして、たとえば対自己の「大学と私」といった作文を書いたあとに、大学進学率や就職率の推移と問題の指摘といった対課題のレポート、自分の出身高校の生徒に向けた「大学選びのアドバイス」といった対人課題領域の文章などへと発展させて、目的による文章の構成や表現の違いをあえて強調する手法もある。

2.2　プロセスとユニット

　次に、授業設計での「プロセスとユニット」という発想について考えたい。前項の要素を考慮して文章課題を選択したあとは、それを15回の授業にどう配列するかを考えなければならない。短い課題を毎回課して教員が毎回添削して返却する、という手法が選ばれがちだが、このやり方では、練習機会

は多いものの学生は受け身の態度に終始しやすく、教員の負担が重い割に自律した書き手への転換は促しにくい。

　第2部の実践事例が示すように、大学での「日本語リテラシー」育成に求められているのは、「言語テストで良い点をとる能力」ではなく、情報を分析して根拠をもとに意見を述べる能力であり、そのような文章を作成するプロセスを自律的に遂行できる能力である。そうであるなら、たとえ短く比較的容易な文章課題であっても、構想→構成→執筆→推敲・点検・提出のプロセスを自覚的に体験できるような配置にしたほうがよいだろう。

表1　4週×3ユニットで設計したシラバス例

ユニット	1週	ユニット① 2〜5週	ユニット② 6〜9週	10週	ユニット③ 11〜14週	15週
課題領域	導入	対自己 身近な話題での意見文	対課題 図表を見ての小論文	中間まとめ	複合(対課題+対人) 論証型レポート	ふり返り
資料有無 字数		資料なし 体験をもとに書く 400字	与えられた資料(データ)を読み取って書く 800字		検索した情報に基づき論証して発表する 1600字	
各週の 活動内容	目標提示と動機づけ	自由に書く／相互推敲／点検ポイント導入／書き直し・提出	読解・アウトライン作成／第1稿を書く／相互推敲／書き直し・提出	学びの確認・検索の宿題	アウトライン作成／相互推敲・第1稿／口頭発表・相互評価／書き直し・提出	過去の文章の自己評価

　たとえば、**表1**のように難度の異なる3種の課題に4週ずつ時間をさき、4週ごとの1ユニットの中では、まず指示なしで思うままに書かせる(1週目)、構成を練ってから書かせる(2週目)、自己推敲や協働推敲を行って修正(3週目)、最初に書いた自分の文章と比べて違いをふり返らせる(4週目)というように、文章作成プロセスを意識した配置の授業ユニットを作り、そ

れを15週の中で積み重ねていく方法が考えられる（第2部の九州国際大学の事例参照）。

　このような設計は、最初のユニットでつまずいても次のユニットで挽回するチャンスがあり、リスクが小さい。一方で、それほど長い文章は書けないという欠点もある。ユニットは容易なものから複雑なものへと配置することが当然望ましい。どれかのユニットを若干長くしてもよい。毎回あるいは途中の回に小規模な言語テストや表現修正のトレーニングを入れて、最後の回にそれらの復習テストを行うことで、文章作成プロセスの体験と修正能力の養成を同時に行うこともできる。

　一方で、15週をフルに使って比較的大きな文章課題に挑む手法もある。たとえば第2部2章7節の海洋大の事例がこれに当たる。この形であれば、構想段階、情報収集段階、構成段階、下書き段階のそれぞれで時間を十分にとり、卒論の縮小版のような文章作成を行うことも可能となる。口頭発表は、文章の主張への反論や不備の指摘を受ける良い機会なので、清書の前の段階に入れるとよい。このような大きなプロセスを1回だけ体験するタイプは、当然長い文章に挑め、各種のスタディスキルを培いながら進められる利

表2　15週×1ユニットで設計したシラバス例

ユニット	1週	検索・構想ユニット 2～5週	構成・執筆ユニット 6～10週	発表・討論・点検ユニット 11～14週	15週
課題領域	導入	対自己から対課題へ 身近な疑問から問題提起	論証型レポートの作成	対人から対課題へ 発表とレポート完成	ふり返り
資料有無		自ら資料を検索・読解	資料を活用・引用しながら、主張を展開する	資料の引用の形式を習得する	
各週の活動内容	目標提示と動機づけ	構想・問題提起／資料検索・問題の整理／資料読解・目標規定／話し合い・目標再考	仮アウトライン／相互推敲・再構成／執筆・引用・相互推敲／読み合い・反論提示／書き直し・相互推敲	発表資料作成・練習／発表・討論・相互評価／点検・読み合い・編集／論集発行・相互評価	学んだことの自己評価

点があるが、つまずくと途中で修正しにくい、途中で履修をあきらめてしまうケースがある、さまざまな文章ジャンルが扱えないなどの欠点もある。

　これらのユニットの配置は、学生のレベルやレディネス、関心によって適したものが異なるが、それ以外にもカリキュラムの中でその科目がどのような能力の育成を中心的に担うのか、という全体設計の中での位置づけによっても異なってくるだろう。

　文章作成の課題をプロセスとして捉えると、その中にさまざまな学習の要素を盛り込むことができる。たとえば、構想段階での思考マップや情報マップ、情報検索と情報整理のスキル（KJ法など）、構成段階での文章構成の知識（序論・本論・結論など）、文章ジャンルの種類とその特徴、執筆段階でのパラグラフとは何か・どのように書くか、文章に反論の予想と反駁とをどう盛り込むかといった知識、推敲段階での文体をどう選ぶか、引用と剽窃の違いは何か、悪文・非文をどう修正するか、書式のルールと点検ポイントなどである。

　これらのプロセスの中で、狭義の文章作成を超えたさまざまな大学での学びのポイントを強調することもできる。たとえば、問題意識とは何か、学内での情報検索方法、大学図書館利用法、学内学習支援組織の活用法、批判的に読む方法、自分の専門で必要な文章ジャンルのタイプ、図表やデータの扱い方、口頭発表ソフトの使い方、その機関でのレポート提出方法とマナー、「大学で学ぶとはどういうことか」についての意識づけなどである。

2.3　協働学習の活用をプロセスに取り入れる

　上述した文章作成のプロセスのさまざまな箇所で、PR活動などの協働学習を入れることが可能である。しばしば最後の完成レポートだけを読み合うという形で導入されがちだが、これは「面子の脅かし」の度合いが高く、リスクが大きい。情報収集や構想などの早い段階から、短い時間での活動から徐々に導入していき、学生に手法と意義について十分理解させる必要がある。

たとえば、情報収集段階では分担調査が可能であるほか、ジグソー学習法による読解と説明の分担も考えられる。また、構想段階のブレーンストーミング自体が協働学習であり、意見を述べ合うことの重要性を理解するきっかけとなる。思考マップに書いた内容を説明し合う活動は、難度も低く楽しいことから、導入には向いている。構成段階は、PR活動をもっとも取り入れやすく効果も大きい。アウトラインについてのPR活動では、「目標規定文は結論部分と呼応しているか」「各パラグラフの中心文は目標規定文を支えているか」といった論理性や一貫性のチェックポイントを明示することが有効である。他者の文章を協働推敲することによって、自らの文章を点検するポイントも身についてくる。下書きや清書段階では、論理性についてのPR活動に加えて、表現・書式・表記の相互点検を行うことができる。これも、記名式のチェックシートを設けて学生相互に責任を持たせて行うことで、点検ポイントの自覚化を促すことができる。相互感想・相互評価は口頭でも可能だが、紙に書いて交換し合う方法も取れる。毎回の活動では、目的と意義、お互いの役割について教員が明示的に指示を出す必要がある。
　PR活動では、なかなか質問やコメントができない学生も多い。毎回の活動での質問すべき内容を具体的に示し、相手の言ったことを再生して確認する部分を重視することで、いわゆる意見が言えないタイプでも十分に役割を果たせることを授業の中で強調したい。また、書き手が相手に「この部分が心配なんだけど、どう？」というように積極的にコメントがほしい部分を示したり、「反対する人になりきって何か言って」と教師が促したりする姿勢も大切である。いろいろな意見を受けることに怯む学生もいるが、文章修正へ組み込むかどうかの判断はすべて書き手に任されていることを強調し、書き手がやみくもに意見に振り回されないように注意させたい。
　教員による添削の役割と負担軽減策についても述べておきたい。学生の書き手としての自律を促すには、自己推敲や学生間推敲のあとに教員添削を行うようにしたい。直接修正せず、間違いや不自然なところにマークだけして返却し、自分で直させて再提出させるという方法もある。普段あまり真剣に

取り組まない学生も、「自分で推敲・修正後の朱を入れた原稿を評価対象にする」と伝えると取り組み出す。学生相互やグループによる推敲・点検では、相手を傷つけたくないという配慮から指摘を控える学生もいるが、「点検者(コメントした聞き手)側を評価する」と言うと、成績評価のためというよりもそれが「面子の脅かし」への言い訳となって、指摘の促しにつながることもある。書式の点検や悪文・非文の修正などの頻出ポイントは、試験に出すという方法もある。

2.4 授業に協働学習を取り入れる際の留意点

一方で、実際の授業実践の過程では、個々の学習者にレベルの異なる問題が複合して現れ、クラス単位の指導ではその対応が難しい。筆者らは実践の中で、以下のようなジレンマに直面してきた。
・協働活動を重視すると、狭義の日本語力に関わる細部の訓練の時間は少なくなりがち。
・協働活動(特に口頭の活動)を重視すると、学習者の達成感・満足感は高いが、日本語の点検・推敲能力として具体的にどの部分が向上したか記録に残りにくい。
・レポート作成プロセスの各段階をクラス全体の協働活動中心で進めると、個々の学習者の進度や理解度の開きへの対応が次第に難しくなり、把握しきれなくなりやすい。
・レポート課題の内容的な負荷が高くなると、日本語そのものの細部への注意は割けなくなる。しかし、易しい論題(身近なテーマ)では日本語に注意しながら書けても、難しい論題(科学の分野の話題や社会問題など)でそれを遂行できなければ、科目の目的を果たせない。

これらのジレンマは、一見「狭義の日本語力の向上のための知識習得を優先させるべきか、広義の日本語力の向上のための協働学習による文章内容の吟味などを優先させるべきか」のどちらを優先するかの問題のように見える。しかし、文章作成の熟達者は内容面の課題と語彙や表現の課題をどち

らも解決しつつ、目標達成を行っていると考えられる。また、研究室やゼミナールといったアカデミックなコミュニティでは、相互批評の中で内容も表現自体も向上させていくことを目指していると言える。このような目標の性質を考えると、日本語リテラシー科目においても、協働活動を行いながら狭義・広義の日本語力の向上を図ることによって、個々の学習者の日本語力の違い、特徴や問題点を協働活動においてむしろ生かすことを目指して授業設計をすることが必要であると言える。

では、PRなどの協働学習をライティングへ応用する際に留意すべきことは何か。授業での経験から、われわれは以下の点に気づいた。

(1) PRにおける「面子の脅かし」への配慮

一般に、他者発話への修正や語の選択肢の提示は、相手の面子を脅かすことになるので、心理的な制約が大きいと考えられる。PRは、教室の課題として行われることで、それを「自ら行った逸脱ではない」と感じさせる機能がある。学習者に活動を指示する際に、修正や語の選択肢提供がポライトネスの脅かしでなく相手への貢献であることについて言及し、ためらいを軽減させる配慮が必要であろう。

(2) PRにおける学習者の組み合わせのバリエーションと組み合わせへの配慮

活動におけるもうひとつの留意点として、個人差や学生同士の組み合わせによる意味交渉の量と質の差という問題がある。本章の事例(第3章第1部1節1.5)はやり取りが活発だったものだが、ほかには不活発な事例、表面的な指摘や内容と無関係のやり取りに終始した事例などもあった。

もとより、協働学習は参加者相互のさまざまな違いを生かすことが基本的な方針であり、能力の高低を競うものではない。母語を学ぶ中でのお互いのアウトプットの差は、数学や外国語を学ぶ場合よりも自己肯定感に影響を与えやすいと考えられる。協働学習の中で学生のタイプの違いを利用する際には、「互いの違いを生かす」ことの意義を活動指示の中で肯定的に伝える必要があると言える。

このような配慮を行いつつ、他者のコメントから何を学ぶかを示すには、

活動の際の目的とポイントの明示が重要であると考えられる。内容については、学生同士でも「これ、もっと強調すれば？」などと言いやすい。しかし、文や表現について「この文、変だよ」と言えば「面子の脅かし」となりそうで言いにくい。相互推敲や自己推敲・点検を経ても、一定の文章表現上の問題点が残っていることが多い。教員介入によって点検のポイントを示しつつ、「良い文はどこが良いか」「悪い文はどこが悪いか」について、学生自身の気づきを促す活動をさらに仕組む必要がある。

　また、書く訓練に終始するだけでなく、批判的読解や批判的聴解を取り入れ、そのコメントの傾向を学生のタイプの特徴としてコースの早い時期に教師が把握することで、個々の学生に適したアプローチが可能になると考えられる。そのような把握を行った上で、コース後半に他者の発表や文章への批判的思考の発揮を促すような活動を設ければ、「面子の脅かし」回避による不活発なやり取りは避けられるのではないだろうか。活動の際にも、書いた文章を自己推敲・相互推敲するときに、単に「論理的かどうか」というような抽象的な指標ではなく、「ある情報を、何のために／どこから取り込んでいるかが明瞭か」「論証の中で情報をどのように評価して位置づけているかが明瞭か」「その評価は妥当か」といった指標での具体的なチェックを課すことで、「面子の脅かし」が軽減できる可能性がある。

　本章においては、日本語リテラシー科目の実際の授業設計について、3つの課題領域（対人・対自己・対課題）、3つの重点手法（「プロセス・ライティング」・「ユニット」・「協働」のどれをどのように授業に取り入れるか）という点を中心に説明してきた。課題の選び方を授業の位置づけと結びつけ、書くことのプロセスをユニットという活動の単位で配列し、その随所に協働活動を入れ込むことによってさまざまな授業設計が可能になる。いずれにせよ、お互いに質問やコメントをし合うことがお互いへの貢献となり、これからの大学での学び合いを支えるポイントとなることを授業の中で強調したい。

参考文献

池田輝政・戸田山和久・近田政博・中井俊樹(2001)『成長するティップス先生―授業デザインのための秘訣集』玉川大学出版部.

池田玲子(2004)「日本語学習における学習者同士の相互助言(ピア・レスポンス)」『日本語学』23(1)：pp.36–50.

池田玲子・舘岡洋子(2007)『ピア・ラーニング入門―創造的な学びのデザインのために』ひつじ書房.

井下千以子(2008)『大学における書く力考える力―認知心理学の知見をもとに』東信堂.

入部明子(2002)『論理的文章学習帳　コンピュータを活用した論理的な文章の書き方』牧野出版.

大島弥生(2005)「大学初年次の言語表現科目における協働の可能性―チーム・ティーチングとピア・レスポンスを取り入れたコースの試み」『大学教育学会誌』27(1)：pp.158–165．大学教育学会.

大島弥生・岩田夏穂・大場理恵子編(2009)『大学の授業をデザインする―日本語表現能力を育む授業のアイデア』ひつじ書房.

大島弥生(2011)「大学生の文章に見る問題点の分類と文章表現能力育成の指標づくりの試み―ライティングのプロセスにおける協働学習の活用へ向けて」『京都大学高等教育研究』16：pp.25–36.

初年次教育学会編(2013)『初年次教育の現状と未来』世界思想社.

杉江修治(2011)『協同学習入門―基本の理解と51の工夫』ナカニシヤ出版.

杉江修治・関田一彦・安永悟・三宅なほみ編著(2004)『大学授業を活性化する方法』玉川大学出版部.

鈴木宏昭編著(2009)『学びあいが生みだす書く力―大学におけるレポートライティング教育の試み』(青山学院大学総合研究所叢書)丸善プラネット.

筒井洋一(2005)『言語表現ことはじめ』ひつじ書房.

Barkley, Elizabeth F., K. Patricia Cross, and Claire H. Major.(2005)*Collaborative Learning Techniques: A Handbook for College Faculty*. San Francisco, CA: John Wiley & Sons, Inc.（バークレイ，エリザベス，パトリシア・クロス，クレア・メジャー　安永悟監訳(2009)『協同学習の技法―大学教育の手引き』ナカニシヤ出版）

2章　現場の混乱を整理するための3つの教育モデルと授業デザイン

成田　秀夫

1　初年次教育における現場の混乱とその要因

　近年、大学における初年次教育の一環として、レポートや論文の書き方の教育を目的とした「ライティング科目」「文章表現科目」を設置する大学が増えてきた。レポートライティングなどのアカデミックスキルは大学生に求められる基本的なスキルであるが、高等学校までの教育において習得の機会を持たないまま学生が大学に進学するという現状において、ライティングスキルの育成は初年次教育の大きな課題になっている。こうした課題は本書で言う「21世紀型リテラシー」の育成の課題そのものであると言えよう。

　ライティング・文章表現科目を初年次教育の一環として開講する場合、大学によって事情は異なるものの、専門やキャリアの異なる複数の教員が同一シラバスのもとに授業をすることが一般的であり、複数の教員が同一のテキストを用いて一斉に授業をすることもまれではない。しかし、担当教員間において指導法や指導観の共有化が図られていない場合は、同一シラバス・同一テキストであっても担当教員によって教えることに差があったり、さらには評価の仕方まで異なったりしていることもある。

　こうした事態は科目担当者を対象としたFDが十分に行われないことに起因する場合が多く、4月にいきなり担当を命じられるという「悲劇」さえまれではない。もちろん、通り一遍のFDではなかなか事態が好転しないの

も事実である。たとえば、先行事例の紹介や個別の成功体験を「聞くだけのFD」や、ある特定指導法を「押しつけるFD」の場合では、科目を担当する個々の教員が腑に落ちないまま形だけ真似るということになりがちである。要はFDの内容であり方法であろう。科目を設計し、FDを企画・実行する際に見落とされていることがあるのではないか。「誰が、誰に、何を、いつ、どのように」教育するのかというデザインが必要なのである。

では、なぜ同一シラバス・同一テキストでも教えることに差が出てくるのであろうか。その主たる要因は「学生の現状(レディネス)が理解されていない」ということと「暗黙知化された教員のビリーフス(教育信念)が異なっている」ということに集約されると考えられる。

第一の「学生の現状が理解されていない」という点については、大学の大衆化によって引き起こされている面が大きいであろう。大学への入口が多様化し、基礎的な学力を十分身につけないまま大学に入学してくる学生も少なくない。そうした多様な学力の学生たちを指導する大学教員の負荷は小さくないだろう。

しかし、そうした多様化した学生を受け入れざるをえないのが現状ならば、その現状を放置しておくわけにはいかないだろう。入学してきた学生の現状を把握する工夫が必要になっている。たとえば、ライティング・文章表現科目においては、読み書きの基本となる語彙力や読解のスキル、さらには課題図書の難易度などについて、学生の現状を把握する必要があるだろう。第3部1章の「シート1〈チェックアンドシェア―学生状況〉」は「日本語表現デザイン塾」のメンバーが作成した学生の現状把握のためのチェックリストである。こうしたチェックリストをもとに学生の現状について担当教員間の認識の共有化を図ると同時に、「誰が、誰に、何を、いつ、どのように」教えるのかというデザインも可能になるだろう。

ところで、第二の「暗黙知化された教員のビリーフスが異なっている」という点はより深刻なものである。というのも、初年次教育の担当教員はキャリアも専門も異なっていることが普通であり、そうした多様な背景を持った

教員が協働して教育に当たるという伝統が日本の高等教育にはほとんどないため、教員自らの教育スタイルを自覚することがまれである。初年次教育においてはほかの教員と協働して教育に当たるという場合が多いが、個々の教員は自らが育ってきた専門教育の暗黙知化されたスタイルに固執しがちである。そのため、せっかく教員間の意思疎通の機会を設けても、各々が独自の教育観を述べるだけで、不毛なFD活動に終わってしまうことになる。せっかく学生状況を把握し、「誰に、何を、いつ」教えるのかというコンセンサスができても、それを「誰が、どのように」教えるのかという点でバラバラであれば、なかなか事態を好転させることはできない。かりに「どのように」教えるかという教授法についてFD講習を開いたとしても、教授者自身の教育観が変わらなければ教授法を形式的に真似るだけで期待された結果が得られず、むしろ教授法に問題があるということにされかねない。

　こうした膠着状態を打開するためには、まず、教員個々のビリーフスを顕在化することが必要である。しかし、いきなり特定の教育観・指導観に基づいた教授法の「共通化」を図ることは難しいだろう。自分がなじんできたものとは異なる教授法をいきなり実践するのは難しいだろうし、自ら培ってきた教育観・指導観を否定され、ひいては教員個人が否定されていると受け取られかねない。むしろ、今まで無自覚であった自らの教育観なり指導観なりを顕在化させ、学生の現状を踏まえながらよりよい教授法を教授者自身が選択するほうが現実的かつ望ましい。特に背景や専門の異なる複数の教員が連携して授業を担当する場合、特定の教授法で「共通化」を図るのではなく、個々の教員のビリーフスを顕在化させ、個々の教員の多様性を互いに認めながら、学生状況やそれに応じた教育内容について「共有化」を図るべきであろう。学生の多様性と教員の多様性を含み込んだ重層的で柔軟なカリキュラムやFDの設計が求められていると言える。

2　教授法の3つのモデル

　では、どのように教授者自身のビリーフスを顕在化させればよいのだろうか。個々の教授者が自らのビリーフスを告白したり、明示的に他者に説明したりすることができるのだろうか。むしろ、告白したり説明したりできないからこそビリーフスなのではないか。だとすれば、教授者自身のビリーフスを顕在化させるためにはそれなりの「仕掛け」が必要になってくる。

　大学教員は専門領域においては研究者であり、複雑な現象を解明する学問的・科学的な研究方法や態度に馴染んでいるはずである。だとすれば、そうした研究への姿勢を自らが直面する教育現場の問題解決に応用できないはずはないだろう。むしろ、知的な対象として自らが直面する教育の現場を捉えることは、高等教育に従事する研究者にこそ親和性があるのではないか。もちろん、研究方法や態度は学問の専門領域に固有のものであり、過度に一般化して捉えることはできない。しかし、現在の大学教育が直面している現状もひとつの社会現象であると捉えれば、糸口は見えてくる。社会学者が自らの社会のありさまを理解し説明する際に用いる理論的手段としての「理念型」という考え方は、教育現場における現象を説明する際にも有効に機能する「仕掛け」となりうるだろう。理念型とはマックス・ウェーバーの用語であるが、一般には「複雑多様な現象の中から本質的特徴を抽出し、それらを論理的に組み合わせた理論的モデル」のことであり、「それを現実にあてはめて現実を理解し、説明しようとする理論的手段。現実を素材として構成されるが、現実そのものとは異なる」(『大辞泉』)ものであるとされている。ただし、ここでは教育現場を相対化して捉えるための理念型であるため、教育の歴史的な文脈を踏まえながら、かつ、現実の教育実践に有効に機能するものでなければならない。われわれは、以下で述べる3つの教授モデルが、教授者自身のビリーフスを顕在化させ、さらに学生の現状を踏まえた教育実践の再構築にも有効であると、教育ワークショップの経験をもとに考えている。

われわれの考える3つの教授モデルとは、「A 教えるタイプ」「B 気づかせるタイプ」「C 気づき合うタイプ」のことである。これらの3つのタイプは、教育観と指導観についての歴史的な概観を踏まえて整理されたものである。

近代的な教育観は、行動主義的な教育観、認知主義的な教育観、構成主義的な教育観として類別される。

もちろん、厳密な教育学の研究においては精緻な分類がなされており、こうした類別は不正確という誹りを受けるかもしれない。しかし、ここではあ

表1　3つの教育観

行動主義	学習者の内的な理解は検証できないので、外部から観察し観測できる行動から理解を捉えようとする。
	刺激→反応図式：与えた刺激(問題)に正しく反応(正解)しているかで確認し、即時にフィードバックする(報酬を与える)。
	スモールステップ：学習過程を細分化したドリル学習を行うことで正確な知識を獲得する。
	プログラム学習：コンピュータを用いて、問題の提示→採点→フィードバック→ステップの移動を自動的に行う。
認知主義	人間の記憶や思考のプロセスを、入力→演算→出力というコンピュータの情報処理のメタファーでモデル化する。
	短期記憶→長期記憶：人間の記憶を、現在遂行している作業を記憶するメモリ(短期記憶)と、電源を切っても記録が消えないハードディスク(長期記憶)というコンピュータの仕組みになぞらえて理解する。
	短期記憶から長期記憶へ移行するためには、リハーサル(記憶すべきことを音韻化して何度も頭の中で繰り返す)と、体制化(覚えることを構造化して理解する)ことが有効である。
	メタ認知：自分が行っている学習や活動をモニターし、自分自身でふり返り、自らの活動を高次化する。
構成主義	知識は、個人の頭の中で構成されるものではなく、人と協調したり、道具を用いたりするという活動を通して学習されるものである。(社会構成主義)
	教育は学習者の事前知識から学習後の知識への質的変化を促すものであるが、学習はあくまでも学習者中心の学びである。

くまでも教授者が自らのビリーフスを自覚し、自らが直面する教育現場で活かせることを目指しており、学問的な厳密さが教育実践の初動において足かせになりかねないため、教育観の特徴がより明示化されるようなシンプルな類型分けをしていることをご承知願いたい。

3つの教育観についてその概略をまとめると次のようになる。

表1は植野・荘島（2010）をもとに再編成したものである。同書においては「構成主義」と「社会構成主義」を分けて4つのタイプに分類されている。もちろん、そうした分類には学問的な意味があり、必要不可欠な分類であることも承知しているが、前述したように現場での使い勝手を考慮して、ここ

表2　3つの指導観

伝統的	知識の伝達を目的とする。
	一斉に行われる講義型授業が中心である。
	学習者が教授内容を模倣することが期待されている。
	教えられたことの理解が評価される。
	概ね競争的な環境で行われる。
協同的	学習者の理解の最大化を目的とする。
	数人で行うグループ型授業が中心である。
	学習者同士が学び合うことが期待されている。
	学習者が協力して課題を解決できたかが評価される。
	概ね調和的な環境で行われる。
協調的	知識の創造を目的とする。
	多様な人間による活動が中心である。
	学習者同士による創発が期待されている。
	個の自律性と同時に他者との協調性が評価される。
	対立と調和が混在する環境で行われる。

では両者を区別しないことにした。

　さらに、近代的な指導観についても「伝統的な指導観」「協同的な指導観」「協調的な指導観」という3つのタイプに類別することができる。その概略をまとめると**表2**のようになる。

　この3つの分類のうち、伝統的な指導観と協同的・協調的指導観の違いは分かりやすいが、協同的指導観と協調的指導観の違いについては説明が必要であろう。協同は cooperation の、協調は collaboration の訳語であるが、2つの概念を分けることについては専門家の間で意見が分かれている。

　Bruffee（1995）によれば「協同」的な学習は、学習者が仲良く協力して互いに学び互いに支え合いながら、解答を探し求めるものであり、初等中等教育における児童や生徒の指導に有効であるのに対して、「協調」的な学習は意見をはっきり述べられる、自律的で思慮深い人を育てるものであり、大学生や大人の学びに有効であるとされている。このような分類は子どもの学びと大人の学びの違いに注目したものであり、大学における初年次教育がまさに子どもの学びから大人の学びへの転換を意図するものであるならば、協同と協調の違いを意識して学びをデザインすることには意義があると考えられる。

　さて、教育観と指導観についてそれぞれ3つのタイプを示したわけであるが、行動主義的な教育観と伝統的な指導観、認知主義的な教育観と協同的な指導観、そして構成主義的な教育観と協調的な指導観はそれぞれ親和性が高いと言える。また、現実の教育現場で用いる際に堅苦しい用語を用いるよりも、タイプの性格を端的に表現したネーミングも必要となる。

　そこで、行動主義×伝統的タイプを「A 教えるタイプ」、認知主義×協同的タイプを「B 気づかせるタイプ」、構成主義×協調的タイプを「C 気づき合うタイプ」と呼ぶことにする。AからCのタイプの特徴を要約すると次のようになる。

表3　教授法の3つのタイプ

A	教えるタイプ	教授者がモデルを示す　→　学習者がモデルを模倣する
		スモールステップで学ばせ、成果を即時フィードバック
		知識を体系的に伝達する
B	気づかせるタイプ	教授者が課題・到達点を示す　→　学習者が協力して課題を解決する
		学習者の「理解の最大化」を求める
		学習者同士が学び合う
C	気づき合うタイプ	知識は学習者同士が構成する
		学習者の自律性を高める
		課題解決の現実性を求める
		対立と協調が混在する現実社会への対応を図る
		あくまでも学習者自身が答えを出す

　ここでは教授法の3つのタイプは、授業を実際にデザインする際に使いやすいように、できるだけ簡潔にその特徴を整理したものである。3つのタイプを自覚した上で具体的に授業を設計するわけであるが、そのためには3つのタイプのメリットとデメリットを理解しておくことが有益である。

表4　「A 教えるタイプ」のメリットとデメリット

メリット	デメリット
体系的に知識を教えられる	学生の理解不足を確認しづらい
正解を示しやすい	示された正解を絶対視しがちである
定型を教えやすい	高次の文章表現は教えにくい
誤字脱字などは教えやすい	内容的な多様性を示しにくい
教員の満足度は高い	教員の押しつけになりがち
多人数でも可能	学生同士の接触が少ない

表5 「B 気づかせるタイプ」のメリットとデメリット

メリット	デメリット
学生による仮説検証ができる	独力でできないケースもある
問いを与えて答えを発見させる	解き方の選択は学べない
学生同士が学び合う	学び合いが生まれない場合もある
達成目標や素材が洗練される	授業の準備に時間がかかる
コミュニケーションスキルが育成される	単なるおしゃべりになるときもある
チームとしての責任感を持つ	フリーライダー(ただ乗り)の学生もいる

表6 「C 気づき合うタイプ」のメリットとデメリット

メリット	デメリット
自律性のある大人に向く	自律性が低いと成立しない
知の創発性(1＋1＞2)が発揮される	「想定内」の発想に留まる場合もある
解き方の選択自体まで学べる	メンバー間の学びの差が大きい
知識・経験のストックが生きる	ストックがないと浅い学びになる
少人数での密度の濃い議論ができる	多人数では難しい
PBL、卒論などの探究活動に向いている	知のないPBLはお遊びになる

3　3つのタイプを用いたワークショップ型FD

　さて、本章の最初で、初年次教育における混乱は、「学生の現状が理解されていない」ことと「暗黙知化された教員のビリーフスが異なっている」ことに要因があるとし、「誰が、誰に、何を、いつ、どのように」教えるのかというデザインが必要であることを述べた。そして、学生の現状を把握することで「誰に、何を、いつ」教えるのか、教員のビリーフスを顕在化させるとともに3つのタイプの教授法を理解し、「誰が、どのように」教えるのかをそれぞれ明確化することで、混乱を完全に回避できないまでも、より建設的な運営が可能になるだろうと思われる。

　しかし、より建設的な運営を可能にするためにはFD活動が必須であり、

冒頭にも述べたように、FDを形式的なものに終わらせないためにもFDの内容と方法こそが問われるべきであろう。

　実際の授業改善につなげるためには、講演を聴くだけのFDでは不十分である。教授者自身が「協調」して授業改善に当たらなければ成果は期待できない。講演を聴くFDが「A教えるタイプ」のFD活動であるならば、「B気づかせる」や「C気づき合うタイプ」のFD活動も必要になってくる。

　初年次教育学会のワークショップにおいて、日本語表現デザイン塾で行っているのはまさに「ワークショップ型」のFDであり、「チェックアンドシェア」のシートを用いて学生の意識や教員のビリーフスについて自覚を促す（B気づかせるタイプ）ことから始め、教授法には3つタイプがあることを明らかにし（A教えるタイプ）、それらを踏まえて4コマ分の授業案を作成する（C気づき合うタイプ）というものである。紙幅の都合でその詳細について述べることはできないが、学生の多様性と教員の多様性を含み込んだ授業設計活動の一例となるだろう。大学におけるFDの具体的な実践事例は次章以降をご覧いただきたい。

　いずれにせよ、学生の学びを深めるためには教員間の連携が不可欠であり、そのためのFD活動はその意義をいよいよ深めている。

参考文献

植野真臣・荘島宏二郎(2010)『シリーズ〈行動計量の科学〉4　学習評価の新潮流』朝倉書店.

バークレイ，エリザベス，パトリシア・クロス，クレア・メジャー　安永悟監訳(2009)『協同学習の技法―大学教育の手引き』ナカニシヤ出版．(Barkley, Elizabeth F., K. Patricia Cross, and Claire H. Major. (2005) *Collaborative Learning Techniques: A Handbook for College Faculty*. San Francisco, CA: John Wiley & Sons, Inc.)

Bruffee, K.A. (1995) Sharing our toys: Cooperative learning versus collaborative learning. *Change*, 27(1), pp.12–18.

3章　専任教員全員で人間力育成プログラムを担う トップダウン型の事例

吉村　充功

1　人間力をディプロマ・ポリシーに取り込む以前のFD活動

　日本文理大学では、建学の精神「産学一致」に基づく教育理念を2005年に再編し、そのひとつとして「人間力の育成」を明確に規定した。これに基づいた「人間力育成プログラム」を2007年から始動させ、合わせて従来の一般教養科目群を、人間力をキーとする全学共通の教養基礎科目群として全面改訂した。それ以降、ディプロマ・ポリシーの柱に据えた「人間力」を中心とする教育改革が、専門教育とあわせた学士課程教育全体の取り組みとして行われるようになる。筆者は、人間力育成センター長として、その取り組みを推進している。

　ここでは、人間力育成プログラム導入後の取り組みを紹介する前に、導入以前のFD活動はどうであったのかについてあらかじめ紹介しておきたい。ひとつは全学的なFD研修会であり、もうひとつが相互授業参観である。以下では、その特徴①〜③について説明したい。

　①本学でのFD研修会への参加は、FD活動が活発化した2003年度より実質的に全教員に義務化されている。本学では、「教育活動評価」を毎年行っており、研究実績だけでなく教育実績もポイント化され、教員の諸活動の活性化を促しているが、2007年度からはFD活動への参加もカウントされるようになった。このためインセンティブが働くという面もあるが、後に述べるように本学教員は総じて教育に熱心という風土があり、2007年以前より

FD活動に全教員が当たり前に参加する土壌となっていた。

 とはいえ、人間力育成プログラムが導入される以前のFD研修会は、「授業方法をいかに改善するか」をテーマにして外部講師もしくは外部での講演会に参加した専任教員が内容を報告する年1～2回の講演型FD研修会がほとんどであった。人間力育成プログラム導入後も、当初は講演型FD研修会が中心であり、そのテーマも「人間力とは何か」や「カリキュラム改定の意義」などを徹底するためのものが多く設定されていた。

 ②相互授業参観についても、これを開始した2004年に義務化した。すべての教員は年に1度は必ず誰かの授業を参観して、それをフィードバックシートに記入して授業担当教員へ還元するというものである。この取り組みも、当初は「声が小さくて聞きにくい」とか「板書をもっと大きく」というような授業評価アンケート的な内容が主流を占めていた。

 しかし、そうであるにしても、各教員が自分と近い分野の授業を参観することで、異なる科目でも同じ内容を重複して教えていたり、ほかの科目で教えていると思っていたことが教えられていなかったりしたことへの気づき、あるいは教え方の違いからヒントを得たことで、教員相互の議論が進むという効果が生じるようになった。

 ③全学的FDとは若干性格が異なるが、その頃に取り組んだもうひとつの活動が、全科目の授業教材（教科書、講義ノート、配付資料、小テストや課題、試験問題と解答例）を集めることであった。これは、教員間で相互に授業教材を検証し合ったというのではなく、学長が全体を俯瞰して、ディプロマ・ポリシーとの関連で、科目間の整合性が取れていない点や、難しすぎたり、役に立たないと思われるものを洗い出すというものであり、科目精査や授業内容の改善に結びつくことになった。

2　人間力育成プログラムスタートで直面した問題

 「人間力の育成」を教育理念のひとつに策定してから2年後の2007年よ

3章　専任教員全員で人間力育成プログラムを担う　165

```
┌─────────────────────────────────────────────────────────┐
│        実社会を力強く生き抜くための「人間力」                │
│  ┌─────────┐ ┌─────────┐ ┌─────────┐ ┌─────────┐        │
│  │こころの力│ │社会人基礎力│ │職業能力 │ │専門能力 │        │
│  │「自然への畏敬」│×│「前に踏み出す力」│×│「職業意識」「実践力」│×│各学科の     │
│  │「自分らしい生き方を考││「考え抜く力」││「情報スキル」││専門教育科目で│
│  │える力」「健康的な生活」││「チームで働く力」││「読み・書き・計算」など││身につく力など│
│  │「相手を思いやる力」など││         ││         ││         │
│  └─────────┘ └─────────┘ └─────────┘ └─────────┘        │
└─────────────────────────────────────────────────────────┘
```

アクティブラーニングによる「知識修得」と「実践」を繰り返しステップアップを目指す　循環型教育

卒業　GOAL

知識修得型教育
- 基礎学力
- 専門知識
- 職業観
- 倫理観
- 語学力
- 情報スキル
- コミュニケーションスキル

NBUで身につけた力の集大成
卒業論文・研究

スペシャリストとしての真の実力を養う
専門教育科目

人間力の土台をつくる
教養基礎科目

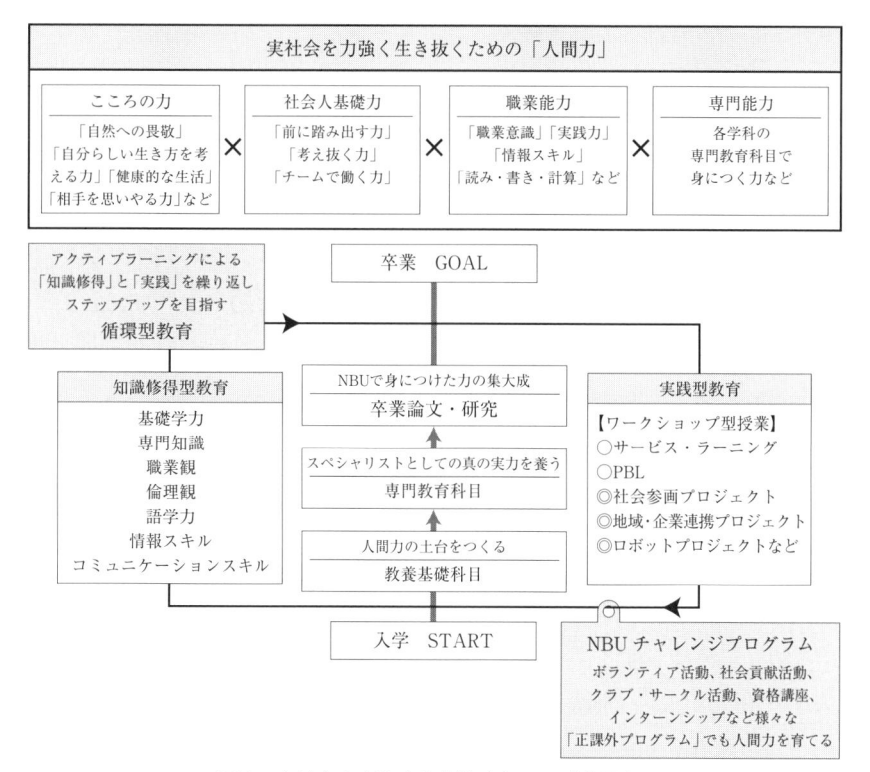

実践型教育
【ワークショップ型授業】
○サービス・ラーニング
○PBL
◎社会参画プロジェクト
◎地域・企業連携プロジェクト
◎ロボットプロジェクトなど

入学　START

NBUチャレンジプログラム
ボランティア活動、社会貢献活動、クラブ・サークル活動、資格講座、インターンシップなど様々な「正課外プログラム」でも人間力を育てる

図1　実社会を力強く生き抜くための「人間力」

り、これを達成するための「人間力育成プログラム」が本格的にスタートした。これは教養基礎科目を中心に、1・2年次に必修で実践型人間力育成科目と人間力育成に資する講義科目を配置し、本学の全専任教員が担当するという授業体系である(図1参照)。

とはいえ、FD研修会などを通して人間力育成の理念と現代社会における必要性は理解したものの、それをどう授業に組み込んでいくのかという点では、各教員とも五里霧中の船出であった。第2部4章で紹介した「社会参画科目群」は、人間力育成センターが企画・運営を行い、統一シラバスに沿って、各担当教員が授業を実施していくスタイルであったが、それ以外の科目

では、各担当教員に内容が任されていた。すなわち、プログラムはスタートしたが、どう教えていくのかについては教員ごとにバラバラ、という現状だったのである。

その中で、たとえば、「人間力とは何か」を学問としての哲学や宗教の問題として教えてしまうという傾向が生じたりした。ディプロマ・ポリシーで目指したのは、現代社会で直面する問題をどう理解すべきか、それに対処するためにどういったスキルを身に付けるべきか、ということである。しかし、学問体系に沿って人間力について講義されたことでは、学生は人間力教育で何が求められているかさっぱり分からないという事態に陥ってしまったのであった。そして、そのことが、全教材をチェックすることで明らかになったのである。

3 このような課題に対応したFD研修の実施

その後、教員からは「人間力教育の必要性は理解できる。その立場や理論には異論はないが、具体的に授業でどう教えたらいいのかが分からない」という声が多く出されるようになった。2010年頃のことである。そこで、授業の現場手法を学んだり開発したりするFDを試行錯誤的に行うこととした。

これが試行錯誤であっても教員に受け入れられたのには、本学なりの背景があったからである。2003年、本学の就職率の低下が顕著になってきたため、キャリア教育を全学で取り入れた。しかし、全国的にはまだ一般的ではなかったこともあり、教員からの反発が当初は大変強かった。しかし、実際に始めてみると意外にうまくいったという経緯があり、自分は反対であったとしてもとりあえずやってみると打開できた、という経験に基づく共通理解が生じた。そこには、企業出身教員が専任教員全体の3分の1いることが影響していたと思われる。

そうして始まった新たなFDであったが、大きな転機は2012年に起こっ

た。3月に河合塾の成田秀夫講師、堀上晶子講師、京都文教大学の中村博幸教授を招き、「教育観の自覚にもとづく授業案の作成」というテーマで行った授業設計の改善に関するワークショップ型FD研修会である。研修で想定した授業は、初年次教育として多くの教員が担当する「社会参画入門」であり、その授業内容の一部である「アカデミック・ライティング」を例にした授業設計である。

　このFD研修のねらいは、第一に、自分が行っている以外の教育手法があることを知ってもらうことであるとともに、第二に教員の持つ教育観の違いを自覚してもらうことであった。そうすることで、教員同士による議論がかみ合うようになることを期待したわけである。

　ちなみに、このFD研修会にも、専任教員全75人のうち、学長はじめ幹部教員を含めて60人が参加している。欠席した教員の大多数はやむを得ない事情であり、FD活動への参加が当たり前となっている。このような風土が本学の教育改革を進めていく上で有利に働いていることは大きな特長と言えるであろう。

　現在では、「人間力を持った人材育成」のために初年次および2年次に全学共通のスキル教育としての「社会参画科目群」を必修科目として置き、ゼミ形式の授業を毎年50人規模の教員が担当している。当然これらの「社会参画科目群」は各教員にとって自分の専門ではない。各教員にとっては自分の専門ではない領域で課題を共有しているわけであり、この点がスムーズにFD研修を受ける方向に作用した面がある。自分の専門に関連した領域であれば、これほどスムーズに受け入れられなかったのではないだろうか。

　それはともかく、いかに授業設計するか、それをいかにシラバス作成に表現するかを意図したFD研修であったが、その成果は、大きく分けると以下の2点にまとめることができる。
① 「チェックアンドシェア―学生状況」について
　まず、「チェックアンドシェア―学生状況」（第3部1章1節の**シート1**）を用いた教員研修の成果について述べる。

ワークショップを実施する上で、チーム構成は同じ科目を担当する教員同士、もしくは同じ学科の教員同士でチーム編成をした。他学科とチームを組んでお互いの違いが分かっても、「それは当然」と納得されてしまう危険性があったので、それを避けることがねらいである。「専門が近くて教育観が一致しているのが当然と思われるのに、実は違っている」ということを明らかにすることを企図したのである。

その結果、ほとんどの教員がお互いの教育観の違いに驚いた。「普段から一緒に議論はしているはずなのにどうしてこんなに違うのか？」となった。そして教育観が近いのは、単に普段から親しいだけではなく、緻密に教育内容をすり合わせている教員たちであることも明らかになった。この経験が、教員同士の相互理解につながっていったのである。

②「チェックアンドシェア―教育の志向性」について

次に、「チェックアンドシェア―教育の志向性」（第3部1章1節の**シート2**）を用いた教員研修の成果について述べる。

現場の教員の大多数は、アカデミック・ライティングのユニット設計に漢語や呼応表現といった語彙・文法の練習やリメディアル的要素の強化を組み込もうとする意見であった。しかし、他方で学長や学部長、就職を所管する進路開発センター長などのマネジメント層のグループは、明確に実学志向の設計であった。卒業と進路を意識して授業内容を設計しようとしていたのである。

その結果に触れて、現場の教員はマネジメント層から発信されるメッセージの多くが、自分たちの感覚とずれていることに合点がいくようになった。つまり、初年次を担当する現場の教員は、入学してきた学生を直接指導する中で、目の前にいる学生に不足している学力に目がいってしまう。他方、マネジメント層は出口としての就職から必要な教育を考えており、人間力教育も出口のディプロマ・ポリシーから組み立てられたものであった。この違いが明らかになったことは、その後の教育改革を実施していく上で、マネジメント層と現場の教員の立ち位置の違いの理解につながり、本学にとって大き

図2　ワークショップ型FD研修会の様子

な成果であった。

　なお、この研修会を通じて強調したのは、教育観を「共通化するのではなく、共有することが重要」ということであった。つまり、違いを認識したうえで議論がかみ合うようにすることが打開の核心部であると考えたわけである。

　実際、この授業案の設計に教員たちは熱心に取り組み熱心に議論した。教員は日常的に多忙で、同僚と議論する時間が圧倒的に少ない。その意味で教員各自が教育への思いを語る研修の場が重要であることを実感した一日でも

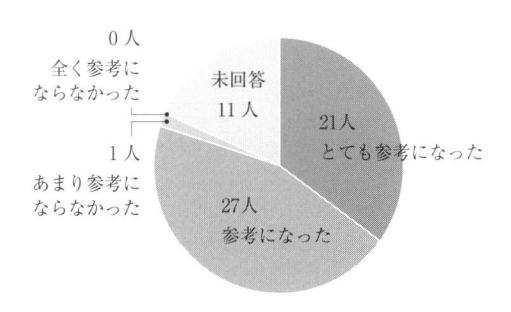

図3　ワークショップ型FD研修会が今後の教育の参考になったか

あった。ある職員は、その光景を見て「うちの先生がこんなに生き生きしているのは初めて見た」と述懐するほどであった。

このようにして、「トップからの提案」→「現場でとりあえず取り組んでみる」→「困った現実に直面」→「FDで解決策を探る」、というサイクルが確立することになった。

また、教養教育でのこうした進展が、自身の専門科目のシラバスの書き方の改善につながるなど、専門教育にも好ましい変化を生み出し始めたのである。

4　本学でトップダウンの改革が成功した理由

では、本学でなぜトップダウン型の改革が成功したのであろうか。

第一に建学の精神である「産学一致」の存在が大きい。さまざまな問題で教員の意見が分裂するときには、本学ではこの理念に立ち返る。そうすると、大抵の問題は意見の一致を見ることができるのである。

第二に教員が教育に熱意を持っていることが挙げられる。本学のスタンスとしては教育重視であり、教員採用もその立場から行われている。このため、教員個人としては研究に取り組むが、弊害になるような研究者第一主義がない。そうした土壌があるからこそ、トップダウンで改革が打ち出されても、建学の理念と一致していて、それが学生のためになるならやってみようという結果につながっているのだと思われる。

最後に今後の展望だが、本学は現在、1年次に通年で日本語に関する講座を開講しており、語彙・文法を中心とした内容となっている。今後はこれを、1年前期「基礎学力講座」で語彙学修を中心としたリメディアル教育に、1年後期「文章表現基礎講座」でプロセス・ライティングを中心とした教育に改善することが望ましいと考えている。そしてこのプロセス・ライティングを「社会参画科目群」と連携させることで、効果的な学びが実現できるように構想している。

4章　授業を成功させるための教員協働によるFD連携
ボトムアップ型の事例

山本　啓一

1　はじめに

　2012年、大学の夏休みも終わりつつある9月中旬。JR鹿児島本線八幡駅から程近い九州国際大学に隣接するファミリーレストランでは、毎週のように、筆者を含めた法学部の教員4名が、第2部5章で述べた「教養特殊講義6」という文章表現科目の打ち合わせのために集まっていた。各自が作成した教材案を持ち寄り、お互いに意見交換をしているのである。
　「この課題は焦点が絞りにくいよ。指導しにくい」
　「資料が多すぎるからもっと刈りこまないと、学生は読みきれないよ」
　「授業案をちゃんと作ってね、そうじゃないと僕らは授業ができないから」
　「正反対の立場の資料2本と統計データの組み合わせはいいと思います」
　このように、打ち合わせではいつもお互いの教材に対して遠慮のない指摘が飛び交う。だが、それが大学の会議室ではなく、ファミレスであることからも分かるように、われわれ教員同士の関係は非常に良好である。
　われわれ4名の担当教員は、このような雰囲気の中で、現在ではそれぞれが1ユニットずつ教材を作成し、全員が足並みを揃えて共通の授業を行っている。しかも、われわれの専門分野はバラバラで、年齢もバラバラである。誰か一人がトップダウン方式で授業方針や教材を決めているわけでもない。

それにもかかわらず、われわれは共通の教育目標と、「プロセス・ライティング＋コマのユニット化」という共通の授業観・授業方法を共有し、協働体制によって授業を設計している。こうした状況がどのような FD 活動から生まれたのか、興味を持たれることだろう。

もちろん、われわれは最初から現在のような状況に在ったわけではない。そこには、4 名の教員が 2 年間という時間をかけて、さまざまな試行錯誤のもとで科目の設計を一段階ずつ改善してきたという泥臭い経緯がある。

本セクションでは、いかにしてわれわれはボトムアップ型の FD を行い、現状の授業スタイルにたどり着いたかについて述べていきたい。これは、大学という教員間の協働が非常に難しいところにおいて、「教員間の協働」や「横連携の実現方法」のひとつのモデルになりうるだろう。

2 教員の協働が失敗する理由

第 2 部 5 章で述べたように、九州国際大学法学部では学生の基礎学力や文章表現能力の育成が課題として認識され、2011 年度から文章表現科目を導入することとした。担当者は、初年次ゼミ（入門演習）を担当する教員の中からの選抜である。これ自体は、当時学部長だった筆者による決定であった。

実際に授業の打ち合わせが始まると、たちまち議論は行き詰まった。その理由として、全員が文章表現科目の非専門家であったことは大きい。教材についても深く考えることなく、高校の先生から勧められたという理由で、大学受験用の小論文のテキストを使うことにした。そうした教材を使うことの是非は別としても、問題は、われわれ教員の中で「どのような文章を書かせればよいのか」について、考え方が全く一致しなかったことである。教員の専門が異なると、「よい文章」についての認識も異なる。また、教育目標もリメディアル的な観点から学術志向まで入り乱れた議論となった。その結果、教育目標を統一することは、およそ不可能な状態に陥ってしまった。

そのような折に、本書執筆者の一人でもあり、以前に FD 研修会を依頼し

たことがある河合塾の成田秀夫氏から、「日本語表現デザイン塾」のワークショップを受講しないかとの提案をいただいた。そこで、2011年3月という授業が始まる直前の時期に、本学部FD活動の一環として、ワークショップを受講したのである。

　結論から言うと、このワークショップは、その後のわれわれの方向性を決定づけた。ワークショップの趣旨を一言でまとめると、文章表現科目において、複数の教員が担当する場合には、それぞれの教育観を顕在化させた上で相対化し、複数の教育観を柔軟に組み合わせてグループワークを効果的に取り入れ、プロセス・ライティングの方法論をもとにコマをユニット化して授業を設計した方がよい、ということであった。今からふり返ると、われわれはこの提案に導かれるように、2年間試行錯誤しながら、一つひとつ授業内容をステップアップしていったことが分かる。

　ワークショップでまず明らかになったのは、教員間のビリーフスの食い違いであった。これは、ワークショップの「チェックアンドシェア」（第3部1章1節参照）を行ったことによる。食い違いとは具体的には以下の3つであった。

　まず第一に、学生の現状に対する認識がバラバラであった。学生の能力を肯定的に見る教員と否定的に見る教員が対立した。学生に何ができて何ができないかについて全く合意がないことが明らかになった。

　第二に、「書かせたい文章」に対するイメージがバラバラであった。「語彙・文法志向」、「学びの基礎志向」、「読解志向」、「学術志向」といった具合に、それぞれの教員の授業イメージが異なっていた。

　そして第三に、教員の教育観・指導観がバラバラであった。行動主義的思考、認知主義的思考、構成主義的思考が入り混じり、お互いにその食い違いに全く意識的ではなかった。教員の一人は、書かせたい文章のモデル、いわば「型」を教え込むべきだと考えていた。別の一人はグループワークによって学生が相互に議論しながら文章を作っていこうと考えていた。文章はオリジナリティが重要であり、知識の創発性を発揮させたいと考える教員もい

た。このように全員の教育観が入り乱れていたのである。

　教員の教育観が多様なのは、ある意味、大学教育において重要である。ただし大学教員は、お互いの多様性を認識せず、しかも議論を通じて「相手を説得しよう」となる。そこから、永遠に合意に達することのない議論(＝神々の論争や空中戦)に陥りがちだ。さらには、創発性を主張しながらも実際は「型にはめようとする」タイプの教員(実は筆者のことである)のように、「言っていることと、やっていることのギャップ」に無自覚な場合もある。このように、自分自身の教育観を相対化できていなかったことが、混乱に拍車をかけていた。

　こうして、まずは各教員が自らの学習観や教育観を相対化したことによって、具体的な教育内容に踏み込んだ打ち合わせができるようになった。ほかの教員の主張の背後にある教育観・指導観を理解できるようになったことで、教育観に関わる終わりなき不毛な議論を一旦棚上げできたからである。

　ただし、その当時、われわれが立てた達成目標は、「とりあえず短いレポートを書けるようになる」という漠然としたものだった。しかし、「レポートを書く」ためにはどのような能力が必要であり、それはどのように育成するのか、また、「短いレポート」とはどのようなレベルのものであるべきなのか、ということに関して共通合意は全く存在しなかったし、本音を言えば、そんなことは、誰もあまり考えていなかった。

　したがって、授業が開始されると、当然ながら、授業方法はバラバラになった。共通テキストはすぐに放棄され、教員はバラバラの教材を作るようになった。授業内容は1回ごとに細切れになった。15コマ全体の授業設計はなく、われわれにとって、コマのユニット化などは「遠い夢」でしかなかった。

　たとえば筆者は当時、下記のような小課題を毎回出し、そのつど学生に短い文章を書かせるという授業を行っていた。これは明らかにリメディアル的な色彩の濃い授業であった。

表1　2011年度春学期授業（筆者担当）内容抜粋

○回目	「尊敬できる大人とはどういう人のことか？」について、「たとえば」、「だから」、「なぜなら」という接続詞を使って、400字で文章を書く。
○回目	イラストから読み取れることをもとに、「事実」と「推論」を区別して400字で文章を書く。
○回目	出題文の条件に沿って、「定義」「原因」「解決策」を考える。
○回目	ホッブスとルソーのそれぞれの見方を簡単に紹介し、「法律がなぜ必要か」について、複数の見方を踏まえた上で、400字で書く。
○回目	日本経済の課題に関する図表の内容を読み取る。

3　リメディアルの功罪

　もちろん、リメディアル的な授業であっても、多くの学生の文章はそれなりに「よく」なっていく。本学の場合、段落の頭は1字下げるといった「常識」を知らない学生は少なからずいる。また、最初のうちは多くの学生に、「です、ます」と「だ、である」の混在や、主部と述部のねじれなどが見られる。しかし授業でそのことを指摘すると、ほとんどの学生はすぐに修正しようとするし、実際にすぐに正しく書けるようになる学生も多い。

　本科目を教え始めて、本学の学生は大学に入学する前に「教わっていないこと」や「学んでいないこと」があまりに多すぎると感じることが、今まで以上に増えた。授業を通じた学生の変容を見るにつけ、「最近の大学生は正しい日本語すら書けない」といった言説は、現状の教育の課題を学生の自己責任論に矮小化しているのではないだろうか、と思えてしかたがない。

　他方、ほとんどの学生は、文章を書くことに対する苦手意識が非常に強い。できれば文章を書くことは避けたいと思っている。そこで、そうした学生に対して、われわれは次のように授業の「ねらい」を伝えるようにしている。「大学ではレポートや定期試験等、文章作成能力は必須となる。また、みんなの「書く力」は、就職活動の際のエントリーシートや小論文等で試され

る。なぜなら「書く力」は社会人にとって不可欠だからである(たとえば、警察官の書類作成量がいかに膨大であるかを想像してほしい)。書く力は、大学時代に習得すべき必須の能力のひとつである。だからこの科目が存在する。大学1年生の段階から文章を書く訓練を一歩一歩やるべきなのだ」

このように説明すると、多くの学生は納得する。そして、文章表現に対して、はじめて前向きに取り組むようになるのである。

要するに、彼らは大学に入学するまで、文章表現に関する動機付けをほとんど喚起されたことがないし、基本的なスキルもほとんど学んでこなかったとさえ言える。これも現在の日本の教育における課題のひとつであろう。

実際、筆者のリメディアル的授業に対して、学生はミニッツペーパーに次のように感想を述べた。

「私はもともと文章にすることが嫌いで、中学・高校の作文などがとても嫌でした。その理由が、何を書いていいのか分からず、全くついていけないことでした。けど、この授業で、一つひとつ内容を分けて、一つひとつ理解し、まず考えて…の繰り返しをしていくうちに、すごくまとまりのある文が自分でも書けるようになっていくのが分かり、考えることも少しずつ好きになりました。すべてが嫌だった文が少しずつよい方向に変わっていくので、この授業を受けて本当によかったと思います。」

学生がこのような感想をもらすのであれば、リメディアル的な授業であっても、それは「目の前の学生に対して必要なこと」を提供していることになる。この感想は、筆者に対して文章表現科目の「やりがい」を与えたきっかけのひとつとなっている。したがって、筆者はリメディアル的な授業を必ずしも否定するつもりはない。それはわれわれのような「マージナル大学」においては、必要なプロセスでもあるからだ。

ただし、こうしたリメディアル型授業には、さまざまな限界がある。

まず第一に、1コマ細切れ主義では課題のレベルを高めることは難しい。また、学生に文章表現のプロセスを意識させることも難しい。つまり、リメディアルに始まり、リメディアルに終わってしまうのだ。リメディアル型授

業は「大学生に必要な文章スキル」を習得させるまでに至らないのである。

　第二に、文章表現科目はそれ自体に体系性があるわけではないため、15コマ全体の授業設計がなくとも、1コマ細切れ主義がなんとなく成立してしまう。その上、文章表現科目の未経験者ほど授業設計が甘いため、途中で方針転換を迫られるといった想定外の事態が起きたときに、すぐに自転車操業に陥ってしまう。

　実際に、われわれの授業でも、「学生のできないことが分かったためその部分を強化しよう」といった積極的な理由や、「よい文章とは何かという内容を講義した途端に多くの学生が寝てしまった」といった消極的な理由までさまざまだが、ほぼ全員の教員が方針転換を行った。その結果、後半になればなるほど、授業前日に即席で作った教材でお茶を濁す結果となってしまった。当然ながらその教材は翌年に使用するに耐えないものとなる。

　こうして1年目はなんとか乗りきったものの、われわれはこのペースを2年目に維持することは不可能だと感じていた。

4　「プロセス＋ユニット」に対する心理的ハードル

　それでもわれわれは、日本語表現デザイン塾から提案を受けた「プロセス＋ユニット」形式の授業にすぐに踏み切ろうとは考えなかった。そうした授業設計は現状以上のとてつもない労力と能力を必要とするのではないかという心理的な抵抗感が非常に高かったためである。

　もちろん、われわれ担当教員は、決して改革に消極的な教員ではない。むしろ、本科目の担当教員の多くは、初年次教育改革に積極的な教員だった。

　学部としてもアクティブラーニング教室を設置し、グループワークを実際にさまざまな授業で導入したり、オフキャンパス研修を実施してグループワークの普及に努めるといった活動をすでに行っていた。アクティブラーニングの導入は法学部改革のひとつの方向性であり、われわれはそうした新規の取り組みを積極的に取り入れてきた。

また、われわれは2週間に1度、報告会を実施し、各自の授業情報の交換を行っていた。その際には授業内容だけでなく、欠席率などの負の側面などもあえて公開していた。教員間の協働というスタイルは、われわれ担当教員の間にすでに確立していたのである。
　それにもかかわらず、われわれ自身では、そこから次の一歩を踏み出すことができなかった。次の一歩を踏み出すきっかけは、日本語表現デザイン塾のワークショップに引き続き、やはり外部からもたらされた。

5　転機

　ふり返ってみると、われわれは折にふれて、外部の方々のアドバイスを受ける機会に恵まれたと感じる。たとえば、2011年度の春学期定期試験は、成田秀夫氏に作成を依頼したところ、快く引き受けていただいた。成田氏からは、「九州国際大学の1年生が文章表現科目を受講すれば、これくらいの問題は解けるはずだ」という観点から定期試験を作成していただいた。試験問題は、「情報活用力」を問う問題を中心に構成されており、それ自体われわれに大きな示唆を与えた。ただし、ここでは詳細は省略する。
　次に、2011年度終了時に、われわれは本科目に関する外部評価委員会を開催することとした。本学部では、就業力育成の観点から、毎年、その年度の重点項目に関して、外部評価委員会の評価を受けることにしている。この年度は、新規導入した本科目を対象とした。委員として、日本語表現デザイン塾から河合塾の成田秀夫氏と堀上晶子氏にご就任いただいた。また、高等教育論の専門家である青山学院大学杉谷祐美子准教授にも引き受けていただいた。オブザーバーとして、当時の教務部長や他学部の教務委員なども参加した。
　外部評価委員会では、3名の委員からはかなり厳しい意見が遠慮なく寄せられた。すなわち、「本科目がリメディアルなのか初年次科目なのかが曖昧である」こと、「1コマ完結主義で毎回小課題を出して添削するという形式

は労多くして報われずという結果しか得られていない」こと、「そうした授業になってしまった背景には15コマ全体の流れやイメージが存在していないからではないか」ということ等々、どれも鋭く的確なコメントであった。また、「本学部は初年次教育にアクティブラーニングを導入しているのだから、本科目でもグループワークをきちんと取り入れるように」とも指摘された。杉谷准教授からは15コマ全体の授業イメージを明確にした上で、コマのユニット化を行い、教材を分担して作成したらどうかという、1年前の日本語表現デザイン塾のワークショップとほぼ同じ提案を受けたのである。

他方、「教員間の良好な関係性が学内にできていて、日頃から率直に教育や授業について議論を交わせる雰囲気ができていることは、FDにとって何より重要である」という肯定的な評価もいただいた。他学部の教員からは、「内部評価では絶対に得られない厳しくも有用な意見が出されたことに感銘を受けた」という意見が寄せられた。われわれ自身、後からふり返れば、このときに外部から背中を押されることで、大きな一足を踏み出せたのだと実感している。

6　プロセス＋ユニットへの踏み出し

そこで、われわれは、翌年度の2012年度春学期の最後の3コマだけでもユニット化しようと決めた。シラバスをそのように修正し、なんとしても春学期の最後には、3コマ教材で授業を行わなくてはいけない状況に自分たちを追い込んだのである。授業改善には、時には、自分たちの能力を超えていると思われるハードルを設定し、そこに向かって踏み出すという思い切りが必要な場合もある。

最初のうち、授業は相変わらずバラバラのままだった。しかし、春学期の途中で、論理的思考の育成という目標が共有されるようになった。ちょうど、西南学院大学法学部の入門テキスト[1]が出版され、そこには、初年次教育において、ディベート方式で論理的思考の育成を目指す方法が展開されて

いた。「われわれも法学部なんだから論理的思考は重要だろう」という、わりと安易な発想から、「現代社会において、犬と猫はペットとしてどちらが優れているか」といったテーマのもとで、自分の意見を書かせることにしたのである。

　また、われわれはクラウドサービスであるDropboxによって教材を共有するようにした。Dropbox上に4名の教員が共有するフォルダを作成し、各自がそこに教材をアップロード(実際にはフォルダに放り込むだけで、余計な手間は全くかからない)しておけば、リアルタイムでほかの教員の教材を参照できる。そのため春学期の途中から、4名の教員はお互いの教材を「パクる」ようになった。これは、実は教材のアイデアに行き詰まったから、という後ろ向きの動機が大であったと言わざるをえない。ただし、そこからお互いに授業案作成の要望を出し合うなど、教材の共同使用の気運も高まってきた。

　また、定期的に話し合いを続けていく中で、教員の間にも授業観・教育観のコンセンサスが次第に生まれてきた。それは、第1に、「資料やデータ等のインプットなしに、アウトプットさせるのはやめたほうが良い」ということである。情報や知識のインプットをきちんと行わなければ、知識のストックが欠けている学生は浅薄な文章しか書けない。これは、1年間の経験を踏まえた教員全員の実感であった。

　第二に、「文章化までのプロセスを段階的に踏ませる授業を行ったほうがよい」ということである。実際に、一定の長さの文章を作成させる際には、「情報分析」→「課題発見」→「構想」→「表現」というプロセスを丁寧に辿った上で、途中の段階をその都度チェックするという方法を取らないと、学生によって出来不出来が大きくばらつくことになってしまう。知識活用のプロセスを習得するためには、プロセスを重視する授業を行わなければいけない、ということも全員が納得した。

　第三に、「プロセスの途中でグループワークやピアワークを取り入れたほうがよい」ということである。資料読解の際にグループディスカッションを

行ったり、構想の段階でアイデアをブレーンストーミング的に出し合うと、学生自らがポイントに「気づく」ようになる。また、下書きの段階でもピアレビューさせ、その上で清書させたほうが文章の質が向上する。このように、要所要所でグループワークを取り入れることのメリットについても、実際に試行してみることで、全員が納得するようになった。

こうして、1年半年近くの試行錯誤を経て、われわれ教員の授業観や授業方法は、「プロセス＋ユニット」の方向に収斂しつつあった。それは、われわれが議論を繰り返した結果というよりも、実際に目の前の学生と格闘し、その現状と目標のギャップをどう埋めるかについて試行錯誤を重ね、経験的に多くを学んだことが大きい。

ここまでくれば、あとは実際に教材を作成するだけであった。

7　プロセス＋ユニット教材の開発

3コマ1ユニット教材を最初に作成したのは筆者である。「犬猫」を題材に論理思考を鍛える課題の延長線上として課題解決型の教材を考えているうちに、テーマを「犬猫殺処分問題」にしようと思いついた。このテーマは、以前、筆者の1年ゼミのあるグループが扱い、そのときに関連する情報を調べたことがあった。このアイデアをもとに、次のような授業計画を作成した。

◆課題

「平成23年10月現在、全国の犬の飼育頭数は約119万頭、猫の飼育頭数は約96万頭と推計されている（社団法人ペットフード協会調べ）。それに対し、平成22年度の犬殺処分数は約52,000匹、猫殺処分数は153,000匹、犬猫合計で205,000匹にのぼる。これは、1日562匹、約2分半に1匹の犬や猫が殺されていることになる。（中略）日本において、毎年20万件もの犬猫殺処分が行われる原因はどこにあるか、また、犬猫殺処分を減らすためには、街頭キャンペーン以外に、どのような具体的な方法が考えられるだろう

182　第3部〈今後の展開のために〉

か。与えられた資料をもとに、現状を踏まえた上で、600字から800字であなたの意見を述べなさい。」

◆資料
資料1　「ただ捨てられる命　犬・猫、殺処分を公開　松山の施設」(asahi.com2011年1月21日記事)
資料2　「イギリス、ドイツ、アメリカの事例」(Webサイト「いのちの学校、いぬねこ係」より)
図表1　「犬猫の引き取り数および処分数(出典：環境省自然環境局)」
(※図表1は、環境省自然環境局総務課動物愛護管理室で公開されているデータをもとに、次のような表とグラフにしたものである。グラフにすると、殺処分の割合が多いのは、幼齢の猫と成熟した犬であることが分かる)

◆スケジュール
・1週目…資料1と図表1をもとに犬猫殺処分の現状を理解しポイントを探る
・2週目…資料2の事例を参考にしながら、犬猫殺処分問題の原因を探り、

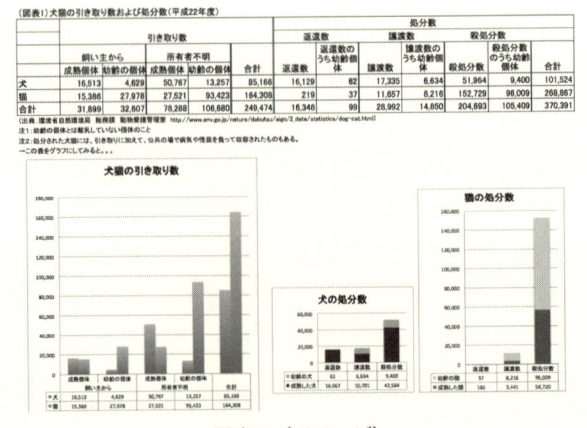

図表1（イメージ）

その原因を取り除く具体的な解決策を考える
・3週目…課題解決のための具体的な方法を、理由とその論拠(証拠)に基づき、論理的に主張する(課題文作成)

◆教材

第1週ワークシート設問項目
1. 資料1から読み取れる犬猫殺処分の現状およびその背景をまとめなさい。
2. 「(図表1)犬猫の引き取り数および処分数(平成22年度)」から読み取れる殺処分の現状を簡単にまとめなさい。
3. 以上の資料から、犬猫殺処分に現状に関するもっとも重要な課題・ポイントは何だと言えるか。自分なりの視点に基づいてまとめなさい。

第2週ワークシート設問項目
1. 犬猫殺処分の原因を考えられる限りリストアップして、特に重要だと思う原因を選び出しなさい。
2. その原因を取り除く方法について、資料2を参考にしながら考えなさい。

第3週ワークシート設問項目(文章化のためのアウトライン作成)
1. 現状のまとめ
2. 原因についての仮説
3. その仮説を提示する理由・証拠(論拠)
4. 原因を取り除く方法について
5. その方法が有効だと思われる理由・証拠(論拠)

　このユニット教材を作るにあたって、3回ほど担当教員で打ち合わせを行った。課題の適切さ、教材の分量、ワークシートの項目の妥当性、指示の明確さ、といった点を全員で議論し、全員が納得できる教材に仕上げた。
　授業では、2週目で原因と解決策についてグループワークを取り入れた。その結果、学生たちは、飼い主の住環境の問題や、保護施設が少ないことの問題、飼い主の高齢化の問題など、さまざまな要因を指摘した。また、解決

策についても、犬猫税の導入や保護施設の引き取り有料化など、さまざまなアイデアが出た。これらのポイントに学生自らが「気づく」ことで、「何を書いて良いか分からない」学生はいなくなり、全員が課題文を作成することができた。もちろん、すべてが想定通りに動いたわけではない。課題解決の方法については、こちらが期待した内容まで深く考えられる学生は少なかった。しかし、学生が書く文章は、今までと比べてはるかにレベルアップしたのである。

また、この教材を実施することで気づいたことがある。それは、きちんと準備された教材を一旦作っておけば、3週間、学生のワークシートをチェックする以外に、全く翌週の心配をしないですむということである。

もちろん、3コマ連続という「大作」教材を用意するためには、綿密な授業設計が必要となる。しかし、別の角度から見れば、担当分である3コマに全力投球すれば、ほかのコマはほかの教員が作成してくれる。実は全体的にはかなりの負担軽減となる。しかも、1コマ完結主義に比べてユニット方式の方が、学生のアウトプットの質が向上することは確信を持って言える。

こうした実感はほかの教員も同様であった。「これなら秋学期はすべてユニット形式でいける」とほかの教員たちが言い始めた。その結果、夏休みに担当教員が何度か集まって教材を作成する、という冒頭の光景に至ったのである。

8 まとめ

このようなプロセスを経て、気づいてみると、教員たちの授業イメージはいつの間にか共通化された。達成目標も共有され、授業方法もほぼ同じになった。ここに至ったポイントをまとめると次の3点に集約されるだろう。

第一に、プロセス・ライティングとユニット方式のメリットを認識できるかどうかである。論理的思考や知識活用力育成のためにプロセス・ライティングが不可欠だと認識するだけでなく、この方法による授業設計は教員の負

担軽減と授業の質向上を両立させることに気づいたことは大きい。

　第二に、教員のチームワーク（横連携）の大切さである。もちろん、筆者が学部長として科目を設立し、本科目を初年次教育改革の柱のひとつと位置づけ、外部との連携を行ったことは確かである。また、ほかの初年次科目でも、「情報収集→情報分析→課題発見→構想→表現」というプロセスの重要性を説き、オフキャンパス研修などでアクティブラーニングについて多くの教員に啓発活動を行ってきたことは、この授業の展開にも影響を与えているだろう。中核となるコーディネーターの存在が不可欠であることは、いかなる組織マネジメントにおいても当然のことである。

　しかし、授業のねらいや進め方、教材開発などに関しては、完全にフラットな関係で進んでいった。年齢や役職に関係なく、お互いの信頼関係のもとで自由な雰囲気の中、遠慮なく意見を出し合い、疑問点を納得がいくまで突き詰めていく関係が教員間に存在することは非常に重要である。コーディネーターは、こうした雰囲気を意識的に構築する必要がある。また、そもそもどういうタイプの教員をセレクトするかも重要である。専門分野を問わず、学内で協調的かつ前向きなタイプの教員を集めるべきである。

　もちろん横連携による授業展開は、ここで述べたように、合意形成まで時間はかかる。だが、いったん方向性がまとまると、非常に強いチームワークが発揮される。そこには教員の参加意識や自主的に作り上げた共通教材という成果が存在するからだ。

　おそらく、トップダウンで命令を出しただけでは、こうした授業方式と教員間の関係は成立しなかったであろう。あるいは、教育観のギャップを埋めようと議論を繰り返すだけでは、教員間の認識の収斂は起きなかったであろう。むしろギャップが拡大し、教員がバラバラになった可能性もある。

　第三に、外部の支援や評価は不可欠である。われわれは何度となく外部の専門家からアドバイスをもらい、まさに叱咤激励されながら、授業の改善を行ってきた。そうでなければ、リメディアル型授業から次のステップに発展することはできなかったであろう。多くの大学では、文章表現科目は日本語

表現の非専門家によって担当されることが多いと思われる。本章は、そのような大学の担当者に対して、われわれの経験を伝える機会となれば幸いである。

　最後に、われわれの大学の状況を述べてこの章を終わりたい。われわれの大学は前述したようにマージナル大学である。マージナル大学とは、現在の日本の経済状況の変化の中で、かつては高卒で就職していた層を引き受け、大卒人材として社会で通用するレベルまで引き上げる役割を与えられている大学のことである。すなわち、目の前の学生に対して、大学生らしい日本語リテラシーを育成することは、まさに彼らの「生きる力」を育てることにほかならない。われわれ担当教員はこのような課題を共有した上で、自分たちがその課題を引き受け、授業改善を通して一人でも多くの学生を引き上げようという姿勢に向かった。実はこれがなによりも大切なことかもしれない。

注

1　西南法学基礎教育研究会(2012)『法学部ゼミガイドブック―ディベートで鍛える論理的思考力』法律文化社.

あとがき

成田 秀夫

　本書の編者である中村、大島、成田が出会うきっかけとなったのは、2000年に行われた大学教育学会の自由研究発表の場である。それぞれがそれぞれの経緯ではあるが、実に同じような課題に取り組んでいたことをその場で知り、驚くと同時に大いに励まされた。大げさに言えば時代が会わせてくれたように感じられた。当時は初年次教育も日本語表現科目も認知されていない時代であり、それぞれが孤独に目の前の課題に応えようと悪戦苦闘していたのである。しかし、それを機に、情報交換や勉強会を積み重ね、三者三様に日本語リテラシー育成に努めてきた。

　2010年に河合塾が行った初年次教育調査でも明らかなように、この10年で多くの大学が日本語リテラシー育成の講座を設置するようになっており、もはや時代のトレンドといっても過言ではないような状況が生まれている。共通のシラバスが作られ、共通のテキスト、マニュアルさえ整備されるようになってきた。

　しかしその一方で、初年次教育を担当する教員の専門や経歴も多様であり、そうした担当者間の意思疎通もままならないまま、とにかく科目が設置され実施されているという状況も見えてきた。こうした事態は科目を設置しコーディネートする立場の者のみならず、実際に科目を担当する教員にとっても不幸なことであり、そしてなによりもそうした混乱の影響を受けたのは学生たちである。

　こうした状況になんとか一石を投じることを目指して始まったのが「日本語表現デザイン塾」である。現場の先生方の話を伺っているうちに、学生の

現状がつかめていないのではないか、自らの教育観・指導観に無自覚ではないか、ある成功体験やひとつの方法論を過度に一般化しているのではないかなど、さまざまな問題点が浮かびあがってきた。そうした問題に試行錯誤しながら取り組んだ成果が本書に結実している。

　教育に関わる仕事をしていると、つくづく教育の難しさと愉しさを味わう機会が多い。授業が上手くいった、いかないと思うのは教授者の自己満足であり、教授者と学習者の相互作用の中でしか教育は行われていないし、教授者が個々の学習者の学びをコントロールすることはついにできないように思われる。むしろこちらの思惑をはみ出て広がる学びにこそ愉しさを見出すことができるのではないか。

　本書は教育における正解を持ちえない者たちが書いたものであるが、われわれの試行錯誤の軌跡が読者のヒントに少しでもなれば幸いである。

　最後に、本書を書く機会を与えていただいたひつじ書房の松本功様には厚く御礼申し上げます。また、本書の作成に関わった日本語デザイン塾の皆様、デザイン塾の活動を支援していただいた河合塾教育研究開発本部の皆様、貴重なご意見をいただいたFDセミナーワークショップ参加の皆様、本書の編集構成にご協力いただいた皆様に、この場を借りて御礼申し上げます。

参考文献集

日本語表現法関連科目の教材と参考図書(一部)
＊これらの分野は近年、新刊があいついでおり、多数の類書があるが、そのうちの一部を紹介する。それぞれの分類にまたがるものも多くあるが、主な特徴をもとに判断した。

〈日本語の文章表現技術や思考法の向上を主な目的とするもの〉
阿部紘久(2009)『文章力の基本』日本実業出版社.
荒川洋平(2009)『日本語という外国語』講談社.
荒木晶子・向後千春・筒井洋一(2000)『自己表現の教室』情報センター出版局.
石黒圭(2004)『よくわかる文章表現の技術Ⅰ』明治書院.
藤沢晃治(2004)『「分かりやすい文章」の技術』講談社.
野田尚史・森口稔(2003)『日本語を書くトレーニング』ひつじ書房.
野矢茂樹(1997)『論理トレーニング』産業図書.

〈レポート・論文作成の全般的な指導書(留学生対象を含む)〉
アカデミック・ジャパニーズ研究会(2002)『大学・大学院留学生の日本語④　論文作成編』アルク.
小笠原喜康(2009)『新版 大学生のためのレポート・論文術』講談社.
木下是雄(1994)『レポートの組み立て方』ちくま学芸文庫.
酒井聡樹(2007)『これからレポート・卒論を書く若者のために』共立出版.
戸田山和久(2012)『新版 論文の教室―レポートから卒論まで』NHK出版.
二通信子・大島弥生・佐藤勢紀子・因京子・山本富美子(2009)『留学生と日本人学生のためのレポート・論文表現ハンドブック』東京大学出版会.
浜田麻里・平尾得子・由井紀久子(1997)『大学生と留学生のための論文ワークブック』くろしお出版.

〈レポート作成の過程でのスタディスキル獲得を強調しているもの〉

石坂春秋(2003)『レポート・論文・プレゼンスキルズ―レポート・論文執筆の基礎とプレゼンテーション』くろしお出版.

学習技術研究会(2011 第 3 版)『知へのステップ 第 3 版』くろしお出版.

実松克義・北尾謙治・石川有香・早坂慶子・西納春雄・朝尾幸次郎・石川慎一郎・島谷浩・野澤和典・北尾Ｓ．キャスリーン(2005)『広げる知の世界―大学でのまなびのレッスン』ひつじ書房.

佐藤望・湯川武・横山千晶・近藤明彦(2012 第 2 版)『アカデミック・スキルズ(第 2 版)―大学生のための知的技法入門』慶應義塾大学出版会.

世界思想社編集部(2011)『大学生 学びのハンドブック(改訂版)』世界思想社.

中澤務・森貴史・本村康哲編(2007)『知のナヴィゲーター―情報と知識の海―現代を航海するための』くろしお出版.

松本茂・河野哲也(2007)『大学生のための「読む・書く・プレゼン・ディベート」の方法』玉川大学出版部.

山田剛史・林創(2011)『大学生のためのリサーチリテラシー入門―研究のための 8 つの力』ミネルヴァ書房.

〈レポート作成の中での日本語表現の向上に特に力を入れたもの(スタディスキルも含んでいる)〉

石黒圭(2012)『この 1 冊できちんと書ける！ 論文・レポートの基本』日本実業出版社.

石塚修・島田康行・小針誠(2012)『日本語表現＆コミュニケーション』実教出版.

髙崎みどり(2010)『大学生のための「論文」執筆の手引―卒論・レポート・演習発表の乗り切り方』秀和システム.

二通信子・佐藤不二子(2000)『留学生のための論理的な文章の書き方』スリーエーネットワーク.

橋本修・安部朋世・福嶋健伸編著(2008)『大学生のための日本語表現トレーニング スキルアップ編』三省堂.

福嶋健伸・橋本修・安部朋世編著(2009)『大学生のための日本語表現トレーニング 実践編』三省堂.

〈プロセス・アプローチによる論理的文章の作成を主な目的とするもの〉
石井一成(2011)『ゼロからわかる大学生のためのレポート・論文の書き方』ナツメ社.
井下千以子(2013)『思考を鍛えるレポート・論文作成法』慶應義塾大学出版会.
入部明子(2002)『論理的文章学習帳―コンピュータを活用した論理的な文章の書き方』牧野出版.
大島弥生・池田玲子・大場理恵子・加納なおみ・高橋淑郎・岩田夏穂(2014 第 2 版)『ピアで学ぶ大学生の日本語表現(第 2 版)―プロセス重視のレポート作成』ひつじ書房.

〈理科系特有の表現に焦点を当てたもの〉
木下是雄(1981)『理科系の作文技術』中央公論社.
山崎信寿・富田豊・平林義彰・羽田野洋子（2002 新訂版）『科学技術日本語案内　新訂版』慶應義塾大学出版会.
塚本真也(2007)『知的な科学・技術文章の徹底演習 』コロナ社.

〈ライティング指導に関するそのほかの参考文献〉
井下千以子(2008)『大学における書く力考える力―認知心理学の知見をもとに』東信堂.
井下千以子（2002）『高等教育における文章表現教育に関する研究―大学教養教育と看護基礎教育に向けて』風間書房.
入部明子（1996）『アメリカの表現教育とコンピュータ』冬至書房.
大島弥生・岩田夏穂・大場理恵子編(2009)『大学の授業をデザインする―日本語表現能力を育む授業のアイデア』ひつじ書房.
門倉正美・三宅和子・筒井洋一編(2006)『アカデミック・ジャパニーズの挑戦』ひつじ書房.
河合塾編著(2013)『「深い学び」につながるアクティブラーニング全国大学の学科調査報告とカリキュラム設計の課題』東信堂.
関西地区FD連絡協議会・京都大学高等教育研究開発推進センター編(2013)『思考し表現する学生を育てる　ライティング指導のヒント』ミネルヴァ書房.
楠見孝・子安増生・道田泰司編(2011)『批判的思考力を育む―学士力と社会人基礎力の基盤形成 』有斐閣.
佐渡島紗織・吉野亜矢子(2008)『これから研究を書くひとのためのガイドブック―ライティングの挑戦15週間』ひつじ書房.

佐渡島紗織・太田裕子編（2013）『文章チュータリングの理念と実践―早稲田大学ライティング・センターでの取り組み』ひつじ書房．
島田康行(2012)『「書ける」大学生に育てる―AO入試現場からの提言』大修館書店．
鈴木宏昭編著(2009)『学びあいが生みだす書く力―大学におけるレポートライティング教育の試み』丸善プラネット．
筒井洋一(2005)『言語表現ことはじめ』ひつじ書房．
二通信子・門倉正美・佐藤広子編(2012)『日本語力をつける文章読本―知的探検の新書30冊』東京大学出版会．
牧野由香里(2008)『「議論」のデザイン―メッセージとメディアをつなぐカリキュラム』ひつじ書房．

〈協働学習に関する参考文献（日本語教育分野）〉
池田玲子(2005)「アジア系学習者のピア・レスポンスでの学び」『共生時代を生きる日本語教育』pp.203-224. 凡人社．
池田玲子・舘岡洋子(2007)『ピア・ラーニング入門―創造的学びのデザインのために』ひつじ書房．
小川貴士編著(2007)『日本語教育のフロンティア―学習者主体と協働』くろしお出版．
国立国語研究所編(2007)『日本語教育年鑑2007年版』くろしお出版．（協働学習・協調学習関連の三宅・舘岡・池田・門倉論文所収）
細川英雄・ことばと文化の教育を考える会編著(2008)『ことばの教育を実践する・探究する―活動型日本語教育』凡人社．

〈協働／協同／協調学習に関する主な参考文献（日本語教育以外）〉
植田一博・岡田猛(1999)『協同の知を探る―創造的コラボレーションの認知科学』共立出版．
大島弥生・岩田夏穂・大場理恵子編(2009)『大学の授業をデザインする―日本語表現能力を育む授業のアイデア』ひつじ書房．
鈴木宏昭編著(2009)『学びあいが生みだす書く力―大学におけるレポートライティング教育の試み』丸善プラネット．
鈴木有香著・八代京子監修(2004)『交渉とミディエーション―協調的問題解決のためのコミュニケーション』三修社．

杉江修治（2011）『協同学習入門―基本の理解と 51 の工夫』ナカニシヤ出版．
野沢聡子（2004）『問題解決の交渉学』PHP 研究所．
杉江修治・関田一彦・安永悟・三宅なほみ（2004）『大学授業を活性化する方法』玉川大学出版部．

〈図書館／ラーニング・コモンズに関する参考文献〉

赤井規晃（2011）「大学図書館とライティング教育支援」『カレントアウェアネス』No. 310：pp. 2–4.

相田芙美子・渡邊浩之・小川ゆきえ・山下大輔・古庄敬文「ラーニングコモンズの要素分析―日本における導入を前提として」『私立大学図書館協会 2009–2010 年度研究助成報告書』
http://www.jaspul.org/pre/josei/houkoku2011_seinangakuin.pdf（2013/2/18 アクセス）

Beagle, Donald Robert（2006）*The Information Commons Handbook*. New York, Neal-Schuman Publishers.

呑海沙織・溝上智恵子（2011）「大学図書館における学習支援空間の変化―北米の学習図書館からラーニング・コモンズへ」『図書館界』63（1）：pp. 2–15.

呑海沙織・溝上智恵子（2011）「大学図書館におけるラーニング・コモンズの学生アシスタントの意義」『図書館界』63（2）：pp. 176–184.

餌取直子・茂出木理子（2008）「お茶の水女子大学附属図書館における学習・教育支援サービスのチャレンジ―図書館の学習・教育支援サービスに限界はない」『大学図書館研究』83：pp. 11–18.

橋本晴美（2008）「東京女子大学図書館における学生支援GP 事業の展開―マイライフ・マイライブラリー―学生の社会的成長を支援する滞在型図書館プログラム」『図書館雑誌』102（11）：pp. 770–773.

井上真琴（2012）「大学の教育力を高める図書館の新しい役割」『Between』2012 6–7 月号：pp. 24–25.

金丸明彦・下田研一・長澤多代（2003）「長崎大学におけるファカルティ・ディベロップメント・プログラム―その概要ならびに大学教育機能開発センターと附属図書館が協同した「情報検索の方法」ワークショップ」『大学図書館研究』No. 69：pp.1–14.

加藤信哉・小山憲司（2012）『ラーニング・コモンズ―大学図書館の新しいかたち』勁草書房．

河西由美子（2010）「自律と協同の学びを支える図書館」山内祐平編『学びの空間が大学を変える』ボイックス、pp. 102–127.

McMullen, Susan（2008）"US academic libraries: Today's learning commons model". OECD. http://www.oecd.org/education/country-studies/centreforeffectivelearningenvironmentscele/40051347.pdf（2013/2/18 アクセス）

永田治樹（2008）「大学図書館における新しい「場」—インフォメーション・コモンズとラーニング・コモンズ」『名古屋大学附属図書館研究年報』Vol. 7：pp. 3–14.

永田治樹（2009）「インフォメーションコモンズ・ラーニングコモンズ—新たな学習環境（場）の提供」『図書館雑誌』103(11)：pp. 746–749.

西南学院大学図書館「ラーニング・コモンズ事例紹介サイト」
http://www.jaspul.org/pre/josei/houkoku2011_seinangakuin/index.html（2013/5/20 アクセス）

上田直人・長谷川豊祐（2008）「わが国の大学図書館におけるラーニング・コモンズの事例研究」『名古屋大学附属図書館研究年報』Vol. 7：pp. 47–62.

上原恵美・赤井規晃・堀一成（2011）「ラーニング・コモンズ—そこで何をするのか何がやれるのか」『図書館界』63(3)：pp. 254–259.

山内祐平（2011）「ラーニングコモンズと学習支援」『情報の科学と技術』61(12)：pp. 478–482.

米澤誠（2006）「インフォメーション・コモンズからラーニング・コモンズへ—大学図書館におけるネット世代の学習支援」『カレントアウェアネス』No. 289：pp. 9–12.

米澤誠（2008）「ラーニング・コモンズの本質—ICT 時代における情報リテラシー／オープン教育を実現する基盤施設としての図書館」『名古屋大学附属図書館研究年報』Vol. 7：pp. 35–46.

索 引

A–Z
DeSeCo（Definition and Selection of Competencies）　22, 24
FD　xiv, 60, 153, 155, 161, 162
FD 活動　84, 163
FD 研修会　165, 172
ICT　3, 109
KJ 法　54, 57, 147
PBL（Problem/Projetct Based Learning）　101
PDCA サイクル（plan-do-check-action）　37
PISA　24, 66
PROG テスト　35, 43, 90

あ
アイデアの収束　54
アクティブラーニング　34, 36, 40, 47, 68, 98, 107, 177, 185
新しい日本語リテラシー　xii
暗黙知　53–55

お
教える（タイプ）　xiv, 130, 157, 159

か
外在化　52, 53, 55
拡散　54, 55, 57
学習指導要領　26
学士力　15, 18–20, 101
課題解決（力）　9, 94, 99, 105
課題解決型グループワーク　75, 83
課題解決のプロセス　87
課題発見力　17, 100
課題領域　xiv, 129, 151
活用　26, 28

き
キー・コンピテンシー　8, 9, 12, 15, 22, 23, 25
聴きとり要約　41
気づかせる（タイプ）　xiv, 67, 76, 98, 102, 130, 157, 159
気づき合う（タイプ）　xiv, 130, 157, 159
キャリア教育　9, 19, 74
教育観　xiv, 67, 130, 157, 169, 173
教員間の協働　172
教授観　72
教授法　161
教授モデル　156, 157
協調的な指導観　159
協同的な指導観　159
協働　xiv, 33, 49, 114, 129, 130, 139, 150
協働学習　118, 121, 147–149
協働推敲　119, 120, 140, 144

け
言語化　55, 119

こ
構成主義的な教育観　157
高大接続　28
行動主義的な教育観　157
コーディネーター　60, 133, 185
語句　68
語句のマップ化　71
コンピテンシー　43, 54, 76, 82, 90

し
ジェネリックスキル　xiv, 6, 20, 21, 33, 35, 43, 74, 76, 90, 93, 98, 100, 101, 132
思考（アイデア）の拡散　54
思考（アイデア）の収束　54

自己評価　83, 114
指導観　130, 157
自分化　67
社会参画科目群　74
社会人基礎力　15, 19, 20
ジャンル　142
就業力　19, 20
収束　54, 55, 57
習得　26, 28
主張論証型のレポート　110, 114
情報・知識の活用（能力）　xiv, 21, 109, 114, 119, 120
情報文化社会　3, 5, 6, 8, 13
情報リテラシー　107, 109
小論文　38, 119
初年次演習　52, 55, 61
初年次教育　107, 131
初年次ゼミ　172
自律的な学習　107
信念　133, 154

す
スチューデント・アシスタント　60, 108

せ
接続問題　18

そ
相互コメント　122, 141

た
大学教員との協働による授業設計　37
大学との協働による授業設計　34
対課題（的）　xiv, 45, 48, 94, 96, 100, 129, 143
対課題領域　23, 24
対自己（的）　xiv, 45, 100, 129, 143
対自己領域　23, 24
対人　xiv, 129, 143
対人領域　23, 24
他者紹介　40
探究　26, 28
探究的学習のサイクル　68

ち
チーム・ティーチング　84, 119, 124, 132
チェックアンドシェア　136–138, 154, 167, 168, 173
知識活用のプロセス　180
知識基盤社会　3, 5, 6, 8, 12, 13, 15, 16, 18, 24
知識構成型ライティング　132
知識叙述型ライティング　132

て
ティーチング・アシスタント　49, 108
ディープラーニング　68
ディプロマ・ポリシー　93, 98, 132, 163, 166
デジタル・メディア　ix
添削　148
伝統的な指導観　159

と
図書館　107, 112, 118, 124
図書館利用教育　115
読解（力）　66, 67, 72
トップダウン（型）　xiv, 170

に
21世紀型リテラシー　15, 17, 18, 20, 22, 25, 153
日本語リテラシー（科目）　xii, xiv, 13, 20, 33, 35, 45, 49, 93, 99, 100, 107, 109, 124, 129–131, 133, 134, 136, 142
人間力（教育）　74, 75, 163
人間力育成プログラム　165
認知主義的な教育観　157

の
能動型の学習　xiv, 20
能動的な学習者　33, 67
能動的な学び　38

は
パスファインダー　108
汎用的技能　xiv, 6, 18, 19, 21, 35, 74, 93, 101, 132

ひ

ピア・レスポンス　119, 124, 130, 140
ピアレビュー　103, 114, 181
評価　36
ビリーフス　133, 136, 154–156, 158, 161, 162, 173

ふ

ファシリテーター　47, 67, 109
ふり返り　37, 122
ふり返りシート　41, 46
ブレーンストーミング　54, 57, 148, 181
プロセス　68, 82, 98, 119, 120, 123, 129, 139, 142, 144, 177, 181
プロセス・ライティング　xiv, 94, 98, 101, 110, 114, 129, 172, 184
文章作成のプロセス　38, 40
文章表現（科目）　52, 172
文章表現のプロセス　54
文理協働（ワークショップ）　83, 86, 88

ほ

ポートフォリオ　87
ボトムアップ　xiv
ボトムアップ型のFD　172

ま

マージナル大学　92, 176, 186
学びの転換　82, 108

み

ミニプロジェクト　76, 77, 82

め

メディア　107

も

モチベーション　35, 64, 67, 87, 92, 101
問題解決（力）　9, 17, 18, 21, 26
問題解決のプロセス　18, 33, 43, 44, 48

ゆ

ユニット（化）　xiv, 38, 55, 58, 60, 94, 95, 102, 110, 120, 129, 130, 142, 144, 172, 174, 177, 181, 184
ユニバーサル・アクセス化　10
ユニバーサル化　93, 106

よ

読むための文法　66

ら

ラーニング・コモンズ　107, 112, 115
ライティング・センター　113
ライティング方略　132

り

リーディング　109
理解と表現　52, 53
リテラシー　25, 43, 44, 48, 54, 66, 83, 90, 98
理念型　156
リフレクション　70
リメディアル教育　20, 91
リメディアル的な授業　175, 176

る

ルーブリック　36, 42, 81, 95, 102

れ

レディネス　34, 35, 147, 154

ろ

論証型のレポート　118
論理的思考力　18

わ

ワークショップ　xxi, 65, 67, 70, 75, 77, 83, 87, 90, 108, 114, 129, 136, 162, 173
ワークショップ型FD研修会　167

執筆者紹介　　(論文掲載順　＊は編者)

＊**大島弥生**(おおしま　やよい)
　東京海洋大学海洋科学系教授。専門は日本語教育。初年次教育の「日本語表現法」科目も担当。お茶の水女子大学大学院修士課程修了。博士(人文科学)。主な著作は『ピアで学ぶ大学生・留学生の日本語コミュニケーション』『日本語表現能力を育む授業のアイデア』(以上共著、ひつじ書房)、『留学生と日本人学生のためのレポート・論文ハンドブック』(共著、東京大学出版会)ほか。

＊**中村博幸**(なかむら　ひろゆき)
　京都文教大学臨床心理学部教授。専門は教育社会学、初年次教育、情報社会論。情報社会論、プロジェクト科目「自己形成と社会人基礎力」などの授業を担当。静岡大学卒業。京都家政短期大学(現：京都文教短期大学)専任講師、助教授、京都文教大学助教授を経て現職。大学教育学会誌常任編集委員。初年次教育学会では発足以来、理事を務める。大学コンソーシアム京都においても発足以来、FD、初年次教育、高大連携等の事業に関わる。

＊**成田秀夫**(なりた　ひでお)
　学校法人河合塾教育研究開発本部開発研究職。専門は哲学。中央大学大学院文学研究科哲学専攻博士課程退学。哲学修士。予備校では現代国語の講座を担当、テキスト・模擬試験も作成。現在は高校・大学・社会を接続する教育に関する研究開発を行っている。主な著作は『臨床国語教育を学ぶ人のために』(世界思想社、分担執筆)、『学びと仕事をつなぐ8つの日本語スキル』(丸善プラネット)、学参に『でるもん現代文客観問題』『でるもん現代文記述問題』(中経出版)がある。

堀上晶子(ほりがみ　あきこ)
　学校法人河合塾教育研究部講師。日本キャリア開発協会認定CDA(キャリア・ディベロップメント・アドバイザー)。九州大学文学部卒業。国語科講師として授業や模擬試験・テキストの作成を行う。2002年より、大学の初年次教育の授業開発に携わる。現在は、大学や企業における、キャリア開発、文章表現、ジェネリックスキル育成などの授業や研修、プログラム開発などを行っている。

吉村充功(よしむら　みつのり)
　日本文理大学工学部建築学科教授。人間力育成センター長。専門は交通計画、まちづくり、土木計画学。広島大学大学院工学研究科環境工学専攻博士課程修了。博士(工学)。勤務校では初年次教育「社会参画科目群」の運営責任者として全学共通の教育プログラムを企画、全学展開している。自身も課題解決型授業を担当し、人間力・社会人基礎力育成を実践している。

山本啓一(やまもと　けいいち)
　九州国際大学法学部教授。前法学部長(2008年9月–2012年12月)。専門は国際政治学。一橋大学大学院法学研究科博士課程修了。博士(法学)。文章表現科目や初年次セミナーのほか、「リスクマネジメント論」や防犯PBL等の授業を担当。大学間連携事業や地域防犯政策の立案等にも関わる。主な業績は「学力に課題を抱える大学における就業力の育成と課題―九州国際大学法学部の事例から」『日本労働研究雑誌』(第629号、2012年)ほか。

桑原千幸(くわはら　ちゆき)
　京都文教短期大学幼児教育学科講師。専門は教育工学、図書館情報学。初年次教育の「初年次演習(発展)」「キャリア形成論」を担当。京都大学大学院教育学研究科修士課程修了。修士(教育学)。主な業績は『図書館倫理：サービス・アクセス・関心の対立・秘密性』(翻訳、京都図書館情報学研究会発行、日本図書館協会発売、2011)ほか。

大学の授業をデザインする
大学生の日本語リテラシーをいかに高めるか
Design for Learning in University Classrooms
Developing New Japanese Literacy for the 21st Century
Edited by Hideo Narita, Yayoi Oshima and Hiroyuki Nakamura

発行	2014年12月26日 初版1刷
定価	3200円+税
編者	©成田秀夫・大島弥生・中村博幸
発行者	松本功
装丁者	上田真未
組版者	株式会社 ディ・トランスポート
印刷・製本所	三美印刷株式会社
発行所	株式会社 ひつじ書房
	〒112-0011 東京都文京区千石2-1-2 大和ビル2階
	Tel.03-5319-4916 Fax.03-5319-4917
	郵便振替 00120-8-142852
	toiawase@hituzi.co.jp http://www.hituzi.co.jp/

ISBN978-4-89476-693-8 C3080

造本には充分注意しておりますが、落丁・乱丁などがございましたら、小社かお買上げ書店にておとりかえいたします。ご意見、ご感想など、小社までお寄せ下されば幸いです。